TOFUISMUS NO. 9

Tofu macht dein Leben einfacher

TOFUISMUS NO. 9a

Tofu macht dein Leben aufregender

Bernd Drosihn, geb. 1959, ist als Jugendlicher in einen Kessel mit Sojamilch gefallen und macht bis heute leidenschaftlich Tofu, Tempeh, Fleisch- und Käsealternativen, Pflanzensahnen, superleckere Sojamilch (*viana.de* und *soyatoo.de*) sowie zahllosen anderen Unsinn wie Musik-CDs produzieren (*tofumusic.de*), Nationen gründen (*veggienation.org*), Tortenschlachten veranstalten (*wettbewerb.soyatoo.de*), feierlich die Lizenz zum Tofu verleihen *(lizenz-zum-tofu.de*) und so weiter und so weiter. Er arbeitet gegenwärtig als »Le Grand Tofú« (geprotzt für Tofumacher) bei der edlen *Tofutown.com GmbH* im Herzen der Vulkaneifel und lebt in Bonn.

BERND DROSIHN

TOFU

VOM SKURRILEN KAMPF UM EIN UNSCHEINBARES WELTNAHRUNGSMITTEL

ventil

Dank an alle Tofufans, meine tapferen Eltern, meine sehr liebe Frau Gabi und meine Kinder Nora und Aaron, alle Kollegen bei *Tofutown*, Bill Shurtlef, ohne den es Tofu im Westen so nicht gäbe, die *Soyboys Norm* und Andy, Seth von *Tofurkey*, Jon Kessler von *Sunergia*, die Leute von *Veganbasics* und von *Sattgrün Düsseldorf*, den Tofuanwalt Mike, die Tofu Designerin Uli, Wunder Kurt, *PeTA Deutschland*, Heidi und die anderen uralten Ökos der 1980er, die kühnen Tofumacher der 1970er und frühen 1980er, Dewey + Joshua Redmann, David Liebmann, Albert Ayler, Ornette Coleman (alles Saxophonisten), Klaus Kinski, Albert Einstein, Ajahn Brahm, Kurt Vonnegut und meinen schwebenden Begleiter, den roten Eifelmilan im Himmel über *Tofutown*. Ihr alle seid das Salz dieser Erde, mögen Euch Engelscharen in den Schlaf singen und beschützen.

Tofufacts stammen größtenteils von Matthias Boller, ihm ein ganz großes Dankeschön

2. Auflage 2014
ISBN 978-3-931555-53-5

Lektorat: Jonas Engelmann
Layout/Satz: Oliver Schmitt
Druck: fgb, Freiburg

Ventil Verlag
Boppstraße 25, D-55118 Mainz
www.ventil-verlag.de

Inhalt

Birds do it,
Bees do it,
Even educated fleas do it,
Let's do it, let's fall in love
In Spain the best upper sets do it,
Lithuanians and Letts do it,
Let's do it, let's fall in love

Dinah Washington in »Let's do it«

»Japan nicht – aber guten Tofu«

Der in den USA lebende japanische Autor Haruki Murakami auf die Frage, ob er seine Heimat nicht gelegentlich vermisse

»It is revolt itself, revolt alone, that is the creator of light«

André Breton, zitiert in Green Anarchy Issue #21

»Switch on your electric light – then we can get down to what is really wrong«

Van Morrison

»Dennis mag kein Tofu, denn der ist vergiftet«

Jan Delay

Vorwort

Es ist völlig unmöglich, Tofu ganz alleine herzustellen, deswegen tauchen in diesem Buch so viele unterschiedliche Menschen auf. Es ist so ähnlich wie bei einer Bandgründung – es dauert verdammt lange, bis sich alles zurechtgerüttelt hat. Du machst die Plakate, du besorgst die Konzerte, du spielst Bass, weil kein anderer da ist, dein Daddy bezahlt die Gesangsanlage und deswegen wirst du Sänger, du machst erst mal Percussion, alle machen Background und keiner macht Bauchtanz und nach zwei Wochen ist alles andersrum und die Hälfte der Leute ohnehin geflohen. Die Geschichte der tapferen ersten deutschen Tofumacher hat sich so ähnlich zugetragen. Es war ein ziemliches Durcheinander. Eine deftig beispiellose Odyssee. Einige Sachen, wie ich sie niedergeschrieben habe, sind von A bis Z neu erfunden und ganz viele weggelassen, besonders solche, die die Protagonisten nicht allzu gut aussehen lassen. Die Stimmung der 1980er habe ich so gut ich konnte beschrieben. Die gesellschaftliche Dumpfheit auf der einen und die fast wütende Schaffenskraft der jungen Tofumacher auf der anderen Seite waren die Ursachen dafür, dass ein schlichtes, weißes, pflanzliches Lebensmittel allein durch seine Existenz verstörende Irritationen in unserer eingefleischten Gesellschaft auslöste. Tofu brachte und bringt immer noch viele treudeutsche Beamte, Politiker und die ganze Lebensmittelbranche mit seiner klaren Andersartigkeit aus dem Gleichgewicht. Sie alle fühlen sich bedroht und in ihrem Lebensstil angegriffen.

> Tofu schmeckt nach Freiheit
>
> TOFUISMUS NO. 32

Es geht um die Zeit, in der ich erwachsen wurde. Die Namen der Hunde und Menschen sind geändert und entsprechen keinen tatsächlichen Hunden und Menschen. Das gilt nicht für Svadesha, bürgerlich Rüdiger Urban, den deutschen Tofu-Gründervater, der seit vielen Jahren völlig zurückgezogen in einer Lebensgemeinschaft in Norddeutschland lebt. Was für Antennen muss dieser große kleine Mann in den 1970ern gehabt haben. Er existiert im Tofuuniversum durch seine tollen Produkte weiter, etwa die gewürzten Räuchertofusorten, die es bis heute in einigen Münchener Bioläden zu kaufen gibt, und es gilt auch nicht für Alexander Nabben, der als unerschütterlicher Rebell ausdauernd versucht, Deutschland umzuwerfen und nach wie vor auf seinen »Do-it-yourself-Tofu-Sets« sitzt, die bis ins nächste Jahrtausend reichen dürften. Er kann ein bisschen Werbung gebrauchen. Seine Adresse steht hinten im Buch – falls Sie mal ihren eigenen Tofu herstellen möchten. Beide mögen sich besungen und beklatscht fühlen, auch wenn mein dürres Geschreibsel ihren tollen Leistungen nicht mal im Ansatz gerecht wird.

Die Kapitel sind nicht chronologisch geordnet, sondern in genau der hektischen Reihenfolge und Ausdehnung aufgeschrieben, die tagelang unaufhaltsam aus mir rausströmte. Es musste ganz schnell gehen, denn die eigentliche Fassung war auf einem Notebook, das mir samt einem seltenen, gebogenen Sopransaxophon aus dem Auto geklaut wurde. Ich hatte panische Angst, die Geschichte komplett aus dem Gedächtnis zu verlieren und tippte sie ganz schnell wieder rein. Sie haben als Leser leider nur die zweitbeste Fassung erwischt. Die beste hat der Dieb zusammen mit dem Sopran. Hoffentlich kann er ein bisschen spielen.

Bernd Drosihn, Bonn im Sommer 2009

On the 8th day God created Tofu

TOFUISMUS NO. 29

Tofumaker at work

Sitzen und warten. Eine blöde Beschäftigung für acht Leute, denen Stillsitzen nicht im Blut liegt. Zeit totschlagen mit nervösem, unsicheren Gekicher. Immer und immer wieder mussten wir uns angucken und grundlos giggeln. András fummelte an einer Grünpflanze herum und kippelte unentwegt mit seinem Stuhl. Die beiden Beckmanns konzentrierten sich auf die zahlreichen Papiere, die vor ihnen lagen und die sie von Zeit zu Zeit sorgfältig umschichteten. Wir anderen wanden uns auf unseren Stühlen. In der Mitte des Besprechungstischs lagen ein großes und ein kleines Stück Tofu. Daneben stand eine Flasche Sojamilch. Die beiden Tofustücke waren in Folie verschweißt einträchtig nebeneinander platziert. Wir hatten die schönsten Stücke herausgesucht.

Nach und nach wurde uns immer klarer, dass er wohl so bald nicht mehr wiederkommen würde. Der Bankangestellte war vor einiger Zeit aufgestanden und hinausgegangen. Tofu hatte ihn offensichtlich wenig beeindruckt, was András in seiner Meinung bestätigte, wir hätten doch die falschen Stücke ausgesucht und auf ihn hören sollen. Mindestens eine Stunde waren wir jetzt schon alleine im Besprechungsraum und haben nach und nach der Zimmerdecke unsere verschlungenen Gedanken anvertraut. Urplötzlich, mit einem kurzen trockenen Knall, war er dann drin. Der Kopf. Ein alter weiblicher Kopf, der sofort losbellte: »Sie sollen jetzt bitte alle gehen! Herr Soundso meldet sich telefonisch! Sofort!« Die Tür flog wieder zu. Vier Sekunden, länger war ihr Kopf nicht im Raum, nur der Kopf, der Körper blieb

draußen. Wir waren baff. Sie musste das Mutigste und Abschreckendste gewesen sein, was die Volksbank Siegburg zu bieten hatte. Eine Allzweckwaffe, gestählt durch Bankräuber und verzweifelte Schuldner, die allesamt bei ihr keinen Pfennig bekamen. »Helfen Sie mir«, muss Herr Soundso zu ihr gesagt haben. »Völlig Verrückte wollen ein Konto eröffnen. Für ein ganz komisches Zeug. Eine Sekte oder Terroristen oder noch viel Schlimmeres! Sie müssen das für mich tun … Und stellen Sie sich mal vor, alle acht wollen auch noch Kontovollmacht!« Er wird sich vor Unverständnis und Abscheu geschüttelt haben. Was für eine unerträgliche Komödie. Der Tag war für ihn gelaufen.
Für uns auch. Wir brauchten Minuten um uns zu erheben. Die beiden Sannyasins[1] Derwischa und Paripari kamen am schnellsten hoch. »Äben andare Bank«, meinte der Bulgare András und trollte sich. Nur Gregor blieb sitzen. »Komm«, sagte ich.

Wehrmacht

War die Musterung schon einigermaßen paradox, sollte die Einberufung noch viel schattiger und beklemmender werden. »Du musst da hin«, hatte mir mein Vater, der natürlich Bundeswehrfan war, gesagt, nachdem ich meinen Musterungsbescheid bekommen hatte. Verweigern könne ich doch ganz prima direkt vor Ort, wenn ich es denn dann überhaupt noch beabsichtige, meinte er. Eine schelmische, wirk-

[1] Sannyasins sind Anhänger des indischen sehr westlich orientierten Gurus Bhagwan Shree Rajneesh, der sich ab 1989 Osho nannte († 1990). Die Anhänger waren damals rot oder orange gekleidet und trugen eine sogenannte Mala (Kette) mit 108 Holzperlen und einem Bild Bhagwans. Bei der Initiierung zum Sannyasin bekamen die Jünger einen neuen Namen. Diesen Sannyas-Namen benutzten sie fortan und legten den alten ab. Heute ist die orangene oder rote Kleidung nicht mehr obligatorisch. Sannyasins waren damals und sind auch heute noch Vegetarier und deshalb häufig Tofu-Fans.

lich nicht so gute Idee, wie sich bald herausstellen sollte. Mit Ratschlägen von älteren Herren sollte man sehr vorsichtig sein.

Bei der Musterung standen wir zu viert nackt in einer Reihe und ein Arzt mit tarnfarbenen Altersflecken im Gesicht und auf den Händen, sowie einem Bombeneinschlagskrater mitten auf der Nase schrie seine Befunde über die Schulter zu einer gedrungenen Frau, die an einem kleinen Tisch Notizen machte. Sie blickte kaum auf, was nett war, denn wir standen verschüchtert und splitternackt da, und ein möglicher Feind hätte die Anwesenheit eines einzigen 18-jährigen Mädchens gebraucht, um uns alle auf einen Schlag zu töten oder zumindest auf der Stelle zu lähmen. Sie aber legte die zahlreichen Atteste wegen meines Asthmas mit gesenktem Blick auf einen hohen Stapel und tat auch sonst nichts, was uns peinlich werden konnte. Soll mal einer sagen, die Bundeswehr wäre unsensibel. Außerdem war ihre Hauptaufgabe, die stoßartig erhobenen und laut gebrüllten Befunde des Arztes zu notieren. »Rundrücken, Senkfuß, ein Ei oben! Der Nächste: Hüftschaden, Spreizfuß, beide Eier da! Der Nächste: fettleibig, X-Beine, beide Eier da!«

»Herzlichen Glückwunsch, Sie sind T3, tauglich für den Dienst an der Waffe«, eröffnete mir schließlich ein Mann in weißem Hemd am Ende eines langen Tages mit diversen Urin- und Kotproben und vielen weiteren rätselhaften Prozeduren. Er saß hinter einem großen, zerschundenen Schreibtisch vor einer faltigen länglichen Deutschlandfahne, sowie zahlreichen Schwarz-Weiß-Fotos mit Politikerköpfen. Für einen übertrieben kräftigen Händedruck hatte er sich extra erhoben, der ganz im Gegensatz zu seiner ansonsten überschaubaren Motivationslage stand. Der Mann ließ sich wieder auf seinen abgewetzten Schreibtischstuhl fallen. Ein paar Monate später kam dann ein Brief, der mir das Datum und den Ort meiner Einberufung mitteilte. Die Bundeswehr hatte militärwissenschaftlich festgestellt, dass ich mich zum Pionier eignen würde und ich fuhr in eine bayerische Kaserne.

»Rotärsche da rüber!«, brüllte es über den Kasernenhof. Wie die Frettchen liefen wir alle durcheinander. Es gab schließlich irgendwann Uniformen und Wäsche in der Kleiderkammer, und der Mann, dem ich sofort sagte, ich wolle verweigern, wollte das überhaupt nicht hören, sondern meinte nur: »So sigscht aus« – oder etwas ähnlich Bayerisches.

TOFUISMUS NO. 3

Tofu belebt. Lass ihn in deine Küche. Er ist für jeden Spaß zu haben.

»Hoar ob«, rief ein anderer an einer weiteren Station. »Ähem, ich will verweigern und wieder nach Hause«, nuschelte ich. Auch dieser Soldat sah mich an, als hätte ich ihm gerade eröffnet, meine Eltern seien Dinosaurier.
Alle Rotärsche[1] mussten schließlich als frisch eingekleidetes, brandneues Demütigungsmaterial in einem riesigen Speisesaal Platz nehmen, in dem gerade eine Horde bereits kriegstauglicher Pioniere abgefüttert wurde. Unter Gelächter und lautem Gegröle wurden wir Neuen zu unseren Plätzen geführt, denn man darf bei der Bundeswehr niemals alleine gehen, immer wird man geführt, warum auch immer. Es gab Gulasch, Kartoffeln und EMs (Erbsen und Möhrchen). Ich wollte nur Kartoffeln und EMs, aber das gab's nicht: »Koane Extrawurscht!« Wir begannen mit der Speisung und ertrugen eine Angriffswelle, die ein gestandener Pionier ausgelöst hatte, der eine Senftube direkt über dem Kopf eines Rotarschs ausdrückte. Das war gleichzeitig das Signal für zahlreiche Möhren und Kartoffeln, die sofort zu uns herüber flogen. Ich startete gemeinsam mit dem Senfopfer einen Gegenangriff. Wir tunkten die mit grünlichen

[1] So wurden Neu-Bundeswehrlinge genannt. Weil es für frische Rekruten gerne was auf den Arsch gab, der dann feuerrot wurde.

Sehnen durchzogenen Gulaschbrocken gut ein und schleuderten sie auf die alten Kämpfer. Immer mitten rein. Mit meinen langen blonden Haaren, ich hatte mich einigermaßen erfolgreich geweigert sie abzuschneiden, gab ich eine prima Zielscheibe ab, aber die Sturmkampftruppe von gegenüber hatte nur noch Möhren, ihre Gulaschbrocken hatten sie längst verspeist.
Plötzlich flog eine Tür auf und eine beeindruckende Formation kam hereinmarschiert. Sie bauten sich breitbeinig auf. »Feldjäger« stand auf ihren Mützen. Dass das etwas mit mir zu tun hatte, merkte ich erst, als alle mich anstarrten. Der Oberfeldjäger brüllte mehrfach – und machte das auch durch seine Körpersprache klar – dass er es für eine bodenlose Ungeheuerlichkeit hielt, dass ich nicht direkt bei seinem ersten Brüll reagiert hatte. Ich hörte nur noch irgendwas wie »Gefreiter Drooaasssin – verhoaftet«, und wurde an den Oberarmen gepackt. »Kein Nachtisch?«, versuchte ich zu scherzen. Der Abmarsch versetzte die gestandenen Pioniere in Verzückung und sie brachen in markerschütterndes Gelächter aus. Sie stiegen auf die Tische und wir Abmarschierer bekamen donnernden Applaus und schenkelschlagendes Gelächter. Die Altpioniere kriegten sich kaum mehr ein und fingen rhythmisch zu klatschen an. Einige hatten Spuren von Gulaschtreffern auf ihren Uniformen.
Ich wurde in einem anderen Gebäude zu einem Mann mit beeindruckendem Schreibtisch gebracht. Die Wände waren mit allerlei gerahmten schwarz-weißen Porträtfotos dekoriert. »Hoabens woas zu sagen?«, brüllte mich der Schreibtischgeneral an. Endlich mal eine Situation, auf die ich vorbereitet war und mit der ich umgehen konnte. Immer noch von zwei Mann an den Oberarmen gehalten, sagte ich meinen sicherheitshalber auswendig gelernten Zauberspruch: »Hiermit verweigere ich den Kriegsdienst mit der Waffe und berufe mich aufs Grundgesetz der Bundesrepublik Deutschland.« »Hoabens woas gesocht?«, brüllte er. Keiner

hatte mich gehört, ich war viel zu leise, und so atmete ich aus, nahm meinen ganzen Mut zusammen und stammelte so laut und so feierlich wie irgend möglich noch mal: »Hiermit verweigere ich den Kriegsdienst mit der Waffe und berufe mich aufs Grundgesetz der Bundesrepublik Deutschland.«
»Joa, dös gilt hier nicht!!! Hier gilt der Froanz Joseph!!!«, schrie er. »Weg mit iham – Befehlsverweigerung!«
Sie packten mich fester und brachten mich wieder in ein anderes Gebäude. Dort im Keller war eine Art Zelle mit Waschbecken und einem Etagenbett – allerdings ohne Toilette. Die Tür schloss sich hinter mir und ich war völlig alleine. Das ganze hatte etwas Wasserfallartiges, ich hatte mich nicht dagegen wehren können, sondern wurde einfach mitgerissen. Von einem Riesendurst überwältigt trank ich Unmengen von kaltem bayrischen Bundeswehr-Leitungswasser und pisste anschließend ins Waschbecken.

Nach ein paar Tagen fühlte ich mich wie Mahatma Gandhi im gewaltlosen Widerstand. Die Wachen riefen mich nur »Jesus« und hassten mich wegen meiner langen Haare. Immerzu musste ich an die großen Köpfe an der Wand hinter dem Schreibtischgeneral denken. Bundespräsident Heinemann kannte ich schon von der Musterung. Hier in Bayern waren die Bilder zusätzlich mit bunten Deutschlandfähnchen, die jeweils über eine der beiden Ecken gehängt waren, farblich aufgehübscht. »Franz Joseph« hatte einen Ehrenplatz, schließlich war er das bayerische Grundgesetz und neben dem Deutschlandfähnchen war über seiner anderen Ecke auch noch ein weißblaues Fähnchen drapiert. Man konnte trotz der Schwarz-Weiß-Aufnahme gut sehen, wie rotwangig er war.
Jeden Morgen bekam ich den gleichen Teller mit Wurstbroten hingestellt, den ich stets unberührt zurückgehen ließ. Er war nach ein paar Tagen mit weißem und später dann mit grünlichem Schimmel überzogen. Es gab nie Marmelade oder Margarine, sondern nur den immergleichen Wursttel-

ler und ab und zu Suppe, die sie extra für mich mit besonders vielen Fleischbrocken versetzt hatten. Die ließ ich stets drin. Bundeswehrfleischstücke, ziemlich dicke Brocken, sind offensichtlich genormt und man sieht ihnen sowohl die sehnige Zähigkeit als auch die Eignung als glibschige Geschosse an, die ich ja bereits in der Schlacht des ersten Tages getestet hatte. Diese dicken Brocken sind gefährlich. Ein paar Tonnen Bundeswehrgulasch oder auch Pfälzer Leberwurst auf Bagdad abgeworfen, hätten sich als todbringende Angriffswaffen im Irakkrieg geeignet und die Sache schnell im Sinne der Amerikaner entschieden. Außer Brot, Nudeln, Wasser und ein wenig flüssiger Suppe habe ich nichts gegessen oder getrunken. Obst oder Gemüse gab es nicht. Willkommene Abwechslung waren Gänge zur Dusche oder zum Klo und der tägliche Ausgang im Hof. Ausgang war genau eine Stunde und ich musste von zwei Mann geführt marschieren, schließlich war ich inhaftierter Soldat und als solcher brandgefährlich. Auch zur Toilette musste ich befehligt marschieren. Regelmäßig wurden weitere Delinquenten in meine Zelle einquartiert. Meist verspätet aus dem Wochenende heimgekehrte, betrunkene Pioniere, die dazu neigten, sich direkt vom Hochbett zu übergeben. Wegen der herabstürzenden Mageninhalte und weil die betrunkenen Soldaten höhere Etagen auf Hochbetten nicht problemlos erobern konnten, versuchte ich immer, oben zu schlafen. Einer der jungen Männer verletzte sich bei der Hochbettkletterei derart am Kopf, dass ich die Wache rufen musste. Unerfreulich waren die Besuche des Standortgeistlichen, der mir zwar ein paar Bücher, aber auch seine stramm katholische Kriegsideologie brachte. »Du musst in der Wehrmacht dienen«, meinte er hoheitsvoll, »in der Armee Christi.« Es gab einen zentralen Platz auf dem Kasernengelände mit einem gigantischen, schon vom Eingang her

Eternal youth comes from your daily food

TOFUISMUS NO. 18

sichtbaren Holzkreuz, an dem man Godzilla hätte kreuzigen können. »Endlich unsere eigene Wehrmacht«, betete er, und immer wieder: »Der Russe hat unsere Frauen vergewaltigt ... der Russe käme sofort wenn wir keine Wehrmacht hätten ... sofort, das kannst du mir glauben.« Beim Sprechen machte er viele Pausen, in denen er schwer atmete. Er war ausgesprochen massig in seinem schwarzen Umhang und hatte ein steil nach unten abfallendes, überdimensionales Doppelkinn. Es schüttelte ihn, wenn er auf *Den Russen* zu sprechen kam, wobei er seinen Kopf in eine Richtung warf und das Doppelkinn zeitverzögert folgte. Wenn er sich nicht wegen *Dem Russen* schütteln musste, wollte er immerzu wissen, ob ich eine Freundin hätte und drohte umgehend ihre Vergewaltigung an. Ich hatte keine, aber selbst Freundinnen die man nicht hatte, wurden wie der Blitz von *Dem Russen* vergewaltigt. Er erzählte mir seine Storys immer in unangenehmer Nähe und blieb gerne besonders lange, wenn ich oben auf dem Hochbett lag, eingebettet in meine grenzenlose Naivität. Erst nach Tagen merkte ich, was er wirklich von mir wollte. Er arbeitete sich mit seiner schweren Hand, die immer wie zufällig auf meinem Unterschenkel lag, langsam bis übers Knie hoch. Am Hochbett lehnend bot er mir Schnaps an und versuchte sich zäh und klebrig in katholischem Körperkontakt. Sein Atem roch sauer nach Alkohol, deutscher Leberwurst, erschossenen Russen und unerfüllten Hoffnungen. Irgendwann fing er dann an, sich an einem Pfosten des Hochbetts zu reiben. Ich lag einfach da, betrachtete krampfhaft die Decke und war minutenlang bewegungsunfähig. In meinem Kopf explodierten Millionen Gründe, den Pastor zu töten und die ganze Kaserne in Schutt und Asche zu legen. Das Hochbett quietschte und ruckelte rhythmisch von seinen immer stärker werdenden Stößen. Endlich wurde es mir zu viel. Meine Panik entlud sich. Ich sprang mit einem Satz vom Bett, trommelte wie verrückt gegen die Tür und schrie nach der Wache. »Hilfe, schnell, ich muss brechen!!!«, brüllte ich immer wieder. Ich blieb eine lange Zeit, eine ganz lange Zeit im Klo und ließ meine Panik behutsam abklingen. Als wir zurückmarschierten, war der Pastor weg.

Von draußen drangen Stimmen herein. »Der kroatzt uns ob«, rief einer. »Der hoat koan Appetit!« – »Verpisser, oan Verpisser!« – »Dös is an Pflanzenfressä«, rief der erste, »Oan Wiederkäua!«, und dann kam sie, eine hohe Fistelstimme aus dem Hintergrund und meinte sachlich und ungemein fachkundig: »Das nennt sich Vegetarier.« Die Fistelstimme sprach kein Bayerisch und kannte sich verdammt gut aus. Das Wort »Vegetarier« hatte ich noch nie gehört. »Es gibt noch mehr«, dachte ich, »super!«
Die Bayern verstummten augenblicklich und waren bass erstaunt. Das Wort »Vegetarier« hatte alle ungemein beeindruckt. Man konnte durch die geschlossene Tür spüren, dass sie sich alle zu dem Besserwisser umdrehten, und einer, der seine Fassung wiedergefunden hatte, versuchte sich kopfschüttelnd an dem brandneuen Wort: »Fägedorier? Fägedorier, was soll dös denn sein – dös ist aone Sau oaba oane goaz oalde Sau«, er geriet in Fahrt und rief lauter, offensichtlich wieder zu meiner Tür hin gewandt: »Oan Drückeböarga! Beim Hitler hätts das nicht geben! Früa hams so was vergoast!« Er konnte sich gar nicht mehr beruhigen: »Joa dä … joa dä soll doch nüber gehen![1] Hau doch endlich oab!« »Geh nüber!«, riefen sie alle zusammen, während sie laut gegen die Zellentür trommelten. Vegetariern schienen sie zuzutrauen, durch verschlossene Zellentüren wegspazieren zu können. Dann kam endlich die Wache und rief: »Alle wegtreten!« Sie marschierten im Gleichschritt ab, als wäre nichts gewesen.

[1] Mit »rüber«, bayerisch »nüber«, war die DDR gemeint. Alle denen es »hier« (damalige BRD) nicht gefiel, sollten gefälligst nach »Drüben« verschwinden.

Am nächsten Tag musste ich zum Stabsarzt, wie immer von zwei Mann geführt. Wortlos stellte er mich auf eine Waage und nahm mir Blut ab. »Ich bin Vegetarier«, verkündete ich ihm etwas schüchtern und mit einer guten Portion Stolz. Er schaute mich an, als hätten wir beide das Ende der Welt verschlafen. »Woas?«, fragte er. »Ich esse kein Fleisch – Vegetarier sind Menschen, die kein Fleisch essen«, sagte ich etwas lauter, denn er schien eine ziemlich lange Leitung zu haben. »Dös geht goar nicht, doa buist in drei Wochen tot. Wenns koan Fleisch isst buist in drei Wochen tot. Dös is a Lüge, a verdammte Lüge domit kommst net durch, do buist goanz schnell tot.« Er erwiderte mein schüchternes Lächeln nicht, Stabsarzt ist offensichtlich eine sehr ernste Aufgabe. Als ich weiterhin drauf bestand, schon ganz lange kein Fleisch mehr gegessen zu haben, warf er mir einen tödlichen Blick zu und strafte mich mit Verachtung. Bei der Bundeswehr sind alle wahnsinnig, vor allem Ärzte und Priester.

»Packen, du fährst erst mal nach Hause!«, brüllte schließlich jemand durch die geschlossene Tür in meine Zelle. Keine halbe Stunde später wurde ich abgeholt und bekam einen blauen Müllbeutel mit meinen privaten Sachen überreicht. »Anziehen!« Die Hosenbeine meiner Jeans waren der Länge nach aufgeschnitten und die Schuhe rochen, als hätte einer reingepisst, aber zumindest waren sie wieder trocken. Mein Geld war weg und in meinem Personalausweis hatte sich jemand in krakeligen Druckbuchstaben mit »Du bist kein Deutschen« verewigt. Ich hörte auf zu atmen. Beklemmung, Angst, Lähmung, Scham, Pein. Ich war so schockiert, dass ich diesen Augenblick auf der Stelle löschte. Aus meinem Gedächtnis strich. Die Buchstaben hatten etwas böse Unausweichliches und ich klappte den Ausweis sofort wieder zu. Damit kein Zweifel aufkam, wer gemeint war, war mein Passfoto über einen Pfeil mit dem Wort »Du« verbunden. Außerdem stand »Schwu« über dem Foto. Beim abschließenden »l« hatte der Kuli versagt. »Stimmt doch gar nicht«, summte es in meinem Kopf. Ich war zerbröselt. Auf dem Foto hatte ich schulterlanges blondes Haar und schaute aus wasserblauen Augen traurig in die Welt. Hohle Wangen, eine sehr breite Nase und ein geblümtes Hemd mit Kragen ließen mich zurückhaltend, aber, wie ich persönlich fand, auch ziemlich verwegen wirken. Das Foto war OK, eigentlich sogar gut, genau die richtige Mischung aus romantisch und intellektuell verletzlich. Ich hatte bei diesem Foto das Gefühl, mein Gesicht passe ausgezeichnet zu mir. Jetzt aber schrie es mich an und rief: »Was mache ich hier, warum bin ich in einem fremden Land? Wer hat mich so verletzt? Wer bekritzelt mein Selbst?« Nun war der Ausweis unbrauchbar und entweiht. Kein Mensch hatte mehr Angst als ich, meine ganze Kraft war urplötzlich dahin. Ich war endgültig gelyncht und ausgebürgert.

Earth to Mankind: Take global warming seriously – stop eating animals

TOFUISMUS NO. 17

Wie kommst du ohne Geld bloß hier weg? Mit diesem Ausweis kommst du hier nicht raus …, hämmerte es in mir. Ich war verloren im Labyrinth meines Kopfes. Die Wachen nahmen mich ungerührt in die Mitte und brachten mich marschierend bis zum Tor, wo sich schon ein imposantes, vielköpfiges Verabschiedungskomitee positioniert hatte. Ich wurde von meinen beiden Soldaten direkt in das Pförtnerhäuschen neben der Schranke geführt, wo ich irgendwelche Papiere und eben jenen Ausweis vorzeigen musste. Der Wachsoldat guckte sich das Foto an und fragte, ob ich das reingeschrieben hätte. Auf mein »Nein« rief er per Telefon einen Vorgesetzten, schließlich war ich sowohl »Schwu« als auch »Kein Deutschen« und überschritt damit eindeutig seine Kompetenzen. Ein Offizier kam überraschend schnell schon Minuten später mit einem Assistenten schnittig und fast unmilitärisch hereingeschlüpft, setzte seine Mütze ab und reichte sie quasi während des Absetzens an den zweiten Mann weiter, der sie wiederum routiniert in Empfang nahm. Neumodische Feldwebel mit schicken Brillen und in voller Livree. Eine ungewohnte Erscheinung. Der Offizier sah sich meinen Ausweis genau an und klappte ihn wieder zu. Jetzt nur keinen Fehler machen. Das Zuklappen verursachte trotz der großen Geste überhaupt kein Geräusch. Ausatmen. Er schaute mich an, als käme ich aus einem fernen Land, dessen Sitten und Gebräuche ihm fremd waren, und auch mein schüchternes Lächeln erwiderte er nicht. Nationale Sicherheit ist eine verdammt ernste Angelegenheit. Langsam, ganz langsam, wich ein Schleier von seinen Augen und machte einer fernen, rätselhaften Erkenntnis Platz. Etwas funkte in ihm hin und her und eine Wolke schien plötzlich aus seinem Hirn verschwunden. Er blieb minutenlang wie gelähmt stehen. Manchmal schien es kurz, als habe er einen Entschluss gefasst, aber er zuckte immer wieder zurück und verharrte in unschlüssiger Lähmung. Schließlich entschied er sich, mich weder direkt anzusprechen noch anzuschreien, gab dem Wachsoldaten den Ausweis zurück und murmelte etwas unschlüssig: »Abmarsch.« Mir war im ersten Moment nicht so ganz klar, ob er mit »Abmarsch« sich selbst oder etwa mich meinte. Ich wusste überhaupt nichts mehr. Die Dynamik, die sie beim Eintreten ausgeströmt hatten, war plötzlich wieder in die beiden hineingefahren und sie stürmten nach draußen. Ich trat ebenfalls aus dem Häuschen vor die Tür. Die Sonne blendete. Die beiden Offiziere bewegten sich hintereinander marschierend schnell in Richtung Kasino. Es wirkte von hinten seltsam unmilitärisch. Ihr Marschieren hatte etwas von einer Karnevalsparade. Beide schwangen mit ihren Hüften körperbetont synchron hin und her, als tanzten sie zu einer lautlosen Musik. Das große Verabschiedungskomitee hatte extra solange gewartet. Als die beiden Offiziere außer Hörweite waren und ich endlich durch die extra für mich geöffnete Schranke nach draußen gewischt war, fingen sie hektisch mit Schmährufen an, als wäre ihnen gerade erst wieder eingefallen, warum sie sich überhaupt versammelt hatten. Sie mussten sich beeilen, schließlich war ich schon fast weg. Erst leise und dann immer lauter kamen sie langsam in Fahrt. Sie skandierten »Drückeberger«, »Wiederkäuer« und »Pflanzenfressä«, und alle zusammen: »Komm bald wieder! Wir freuen uns schon auf dich!« Keiner gab Ton und Takt an, deswegen war es ein schwer zu verstehendes, verwunderliches Gebrülle. Wenn ich meinen kommenden Prozess wegen Kriegsdienstverweigerung verlieren würde, käme ich todsicher wieder hier hin, so herrlich war die damalige Rechtslage. Sie waren plötzlich allerbester Laune und schrien immer lauter. Ich drehte mich um, nahm mein bisschen Mut zusammen und schrie zurück: »Ich freu mich auch!«, und winkte heftig. Sobald ich sehen konnte, dass sie verdutzt waren, rief ich: »Achtung! Die Russen kommen!«, und immer wieder »Peng! Peng! Peng!« Sie wurden sauer und einer tat, als lege er sein Gewehr auf mich an, aber ich hatte mich schon verpisst.

Es war sehr hell und warm hier draußen. Ich kniff die Augen zusammen und drückte mich den ganzen endlosen Rest des Tages an der langen Kasernenmauer herum, bis endlich ein Kriegskamerad, den ich vom Sehen kannte, herauskam. Er lieh mir Geld für eine Bahnfahrkarte. Ich fuhr die ganze Nacht hindurch nach Hause und trat am nächsten Morgen meiner Mutter gegenüber. Sie weinte als sie mich sah. Mütter reagieren so, wenn der Sohn aus dem Krieg heimkommt. Ich war dünn geworden, fettige Haare, ungewaschen, fahl, erschöpft und glücklich. Die Wehrmacht, die katholische Kirche, Franz Josef und selbst bayerische Wurstteller konnten mir nichts anhaben. Ich hatte überlebt. Die Russen konnten kommen.

Tofu ist Kommunismus. Gleich gut für jeden

TOFUISMUS NO. 4

Strollsch

»Dat liecht ja nitt am Hung, datt liescht am Herrrschänn!« Herr Müller, unser Vermieter, war entgegen seiner sonnig rheinischen Metzgernatur ziemlich betrübt und schüttelte unentwegt den Kopf. Er trug wie gewohnt seine bunt karierte Bommelschirmmütze, die er nicht mal im Porsche abnahm und ging mit gesenktem Kopf hin und her. Herr Müllermetzger war ein untypischer Porschefahrer. Der Wagen, laut András ein Hausfrauenporsche, stand stets feierlich gewienert in der Garage und wurde nur für langsame Spazierfahren benutzt. Die Enttäuschung und Verzweiflung trieb Sätze wie »Schutzhung Eins auf Anhieb jepack und dann datt!!« aus ihm raus. Strollsch war ein zähnefletschender Rottweiler und hatte seinen abgetrennten Bereich hinter den ehemaligen Metzgereiräumen in Siegburg, die wir jetzt mit Stolz etwas hymnisch »Tofurei« nannten. Er war glatt durch die Schutzhundprüfung gerasselt, weil er hinter seinem Herrchen herlief, anstatt wie befohlen Platz zu machen. »Dä Hung dä kann ja nix dafür.« Herr Müller machte uns in seiner Trauer immer wieder vor, wie er selbst »zu flöck« gegangen war und wie der Hund dann hinter ihm her gelaufen kam. Strollsch fuhrwerkte schon wieder hinter einem mannshohen Zaun direkt hinter unserem Anbau herum und war trotz der Schande, die er seinem Herrchen verpasst hatte, überglücklich, endlich wieder auf seinen Balkon springen zu können, um uns durch die Gitterstäbe anzuknurren. Der Speichel aus seinen Lefzen tropfte wie üblich in Fäden auf die kleine Kellertreppe, die runter zu unserem Kühlhaus führte. Im Winter war die Hundespucke zu kleinen Gletschern zusammengefroren.

Frau Müllermetzger war, im Gegensatz zu ihrem kleinen schmächtigen Mann, eine wuchtige, große und stolzgeschwellte Frau, die kontrollturmartig herumlief und nichts für sich behalten konnte. Die beiden alten Müllers waren außerordentlich geschäftstüchtig und die Nähe zu uns völlig ahnungslosen jungen Leuten machte es ihnen schwer, sich mit Tipps für das raue Geschäftsleben zurückzuhalten. Überhaupt war Zurückhaltung kein Talent der urteilsstarken Frau Müllermetzger. Sie rief stets »hätt ich fast jesacht«, um dann tatsächlich auszusprechen, was sie eigentlich nur fast gesagt hätte.

»Jehirnwäsche« hätte sie *fast* über unsere drei Sannyasins gesagt. »Bhagwanjünger« konnte sie partout nicht leiden. Als Derwischa seinen Hund ein paar Minuten im geparkten Auto ließ, hätte sie *fast* »Tierquälerei« geschrieen. Wir verstanden uns als Kollektiv, was Frau Müllermetzger kurzerhand durchkreuzte, indem sie den Mietvertrag nur mit den Beckmanns abgeschlossen hatte. Beide Lehrer, zwar arbeitslos, aber immerhin studiert, manierliche Haare und damit einigermaßen brauchbare Garanten, wenn es um regelmäßige Mieteinnahmen ging. »ÄÄÄÄÄKollektiv jit et nit, dat is Kommunismus und hätt noch nie jeklappt.« Sie klemmte immer ein langes ÄÄÄÄÄ vor alles, was sie nicht mochte oder ihr spanisch vorkam. Unseren Pear Group Leader Gregor hasste sie wie die Pest und tat immer so, als könne sie sich nur ganz schwer an seinen Nachnamen erinnern. »Dor Herr ÄÄÄÄÄTacher. Große Reden halten, datt mäht dä jut. Äver aabige«, oder: »Dor ÄÄÄÄÄÄTorfu, dä schmeck wie ä ne Schwamm.« Tofu konnte sie nicht richtig aussprechen und quetschte immer ein »r« dazwischen. Neben Strollsch war ein erwachsener Sohn der ganze Stolz des Ehepaares. Er hatte über unseren Produktionsräumen seine Bleibe und ging die Treppe nach oben stets mit bewundernswertem Schwung an. Besonders der erste Schritt geriet ihm zu einer Art Hochweitsprung. Er war offensichtlich sehr schwer unter die Haube zu bringen und die alten Müllers klagten ihr Leid über die jungen Frauen, die so gar nichts von ihrem allzu properen Sohn wissen wollten.

Die gesamte Familie Müller neigte dazu, unsere Kollektivsitzungen vom Balkon aus aktiv und kopfschüttelnd zu be-

TOFU FACT NO. 8 Die Aufzucht von Tieren fordert ihren Tribut auch bei den Waldbeständen unseres Planeten. Die Regenwälder in Zentral- und Südamerika sind bereits zu einem erheblichen Teil vernichtet. Auch bei uns entstehen durch eine intensive Landwirtschaft zum Anbau von Viehfutter irreparable ökologische Schäden. Mit dem Kauf von pflanzlichen Bioprodukten leisten Sie einen großen Beitrag zum Erhalt der Ökologie unserer Erde.

gleiten. Wir hatten nie Ruhe vor Metzgertipps und -tricks. Frau Müllermetzger stand mit verschränkten Armen in der Tür, als wir in einem buddhistischen Ritual die ehemalige Metzgerei zur Tofurei umwidmeten und um Verzeihung für die vielen Tiere baten, deren Leichenteile hier verarbeitet worden waren. Wir platzierten die Buddhafigur an zentraler Stelle im Raum, und auch Osho, der damals noch Bhagwan hieß, wurde bedacht und sein Foto bekam einen Platz. András stellte einen weißen Spielzeug-Rolls-Royce[1] daneben.
Der süßliche, kalt säuerliche Geruch von Verwesung allerdings, der in jeder Pore und jeder Kachel des Raumes saß, empfing uns all die Jahre, jeden Morgen aufs Neue. Wir brauchten immer ein paar Minuten bis es gewaltig dampfte und nach frischer Sojamilch und nicht mehr nach Metzgerei roch.

[1] Bhagwan/Osho fuhr in der in den 1980ern in der von ihm in Oregon gegründeten großen Kommune in einer betörenden Flotte von weißen Rolls-Royce vor und wurde von einer Leibgarde beschützt. Die Kommune wurde nach einem flammenden Skandal um seine Stellvertreterin Sheela aufgelöst und ins indische Poona verlegt.

Svadesha

Ein Augenblick, ein winziger Moment, in dem eine Idee wie aus dem Nichts auftaucht und alte, abgestandene Trübsal wegscheucht – das ist es. Luftig, unbestimmt, wirr und ziemlich kurz. Die meisten neuen Sachen fangen so oder so ähnlich an. Svadesha, Deutschlands allererster Tofumacher, war kein Einzelfall. Neue Ideen sind nur dann wirklich gut, wenn sie am Anfang völlig absurd klingen. Es beginnt immer so: XY zeichnete Cartoons, heftete sie zusammen und verkaufte auf der Straße im kalten Island 30 Stück oder AB traf YZ und sie schraubten in ihrer Garage ein Radio und einen Rasenmäher auseinander, um mit den Einzelteilen eine Wundermaschine zusammenzubasteln. Ideen brauchen Widerstand. Vor mir in der Warteschlange im tristen Euskirchen, der Hauptstadt der Kleinmütigkeit, als ich Anfang der 1990er am x-ten Ort meine x-te Tofufirma anmelden wollte, standen zwei sehr schlecht Deutsch sprechende, dunkelhaarige junge Männer und die glorreiche Beamtin brüllte entgeistert durch ganzen Raum: »Watt wolln sie aaanmelden, ä ne Suuuchmasching???« Sie entrüstete sich überlaut und suchte Unterstützung beim Kopfschütteln für ihre plakative Empörung bei allen anderen im Saal. Was man heute so alles erlebt! Die beiden jungen Typen konnte sie nicht direkt ansprechen, sie brüllte an ihnen vorbei, schließlich war sie ein beamtetes Miststück und es stand in ihrer Macht, Beurteilungen und Kommentare abzugeben und Formulare auszuteilen und abzustempeln oder eben nicht. Ich stelle mir immer vor, dass die beiden entnervt nach Mountain View, Kalifornien, weiterzogen, um *Google* zu starten. Zwei Einwanderer in die USA, davon ein Studienabbrecher, T-Shirt-Typen, Montessori-Schüler ohne Schulnoten (das ist drei Ausrufezeichen wert!!!) schaffen in zehn Jahren das wertvollste Unternehmen der Welt. Eben keine Kopfnoten, keine schlagenden Verbindungen, keine

Exzellenz-Elite-Unis und kein Selbständigmachkurs der IHK. Die Welt hat nochmal verdammt viel Glück gehabt. *Google* ist nicht in Euskirchen angemeldet worden. »Un watt wolln Sie aanmelden, ä ne TORFU Firma???«, krähte es, als ich dran war. »Ja sinn mir dafür zuuuuständig«, schrie sie durch die ganze Etage – und noch lauter: »Düürwen Sie datt überhaupt? Han Sie denn überhaup ä ne Jeneeeehmijung????? Ja, da bruchen Se doch ne Jeneeeehmijung!«
Mit dem frisch erschienenen *Book of Tofu* als göttliche Genehmigung direkt von Tofupabst Bill Shurtleff ausgerüstet, machte der Sannyasin und bekennende Vegetarier »Svadesha« in seiner Landkommune im Bayerischen Wald irgendwann Mitte der 1970er-Jahre zum ersten Mal Tofu in Deutschland. Er entzündete Feuer unter einem Schwenkkessel im Freien, der vorher zum Trocknen von Marihuana-Pflanzen benutzt worden war, und kochte Sojamilch. Die eingeweichten Sojabohnen pürierte er mit einer Kaffeemühle. Die heiße Sojamilch filterte er durch ein Betttuch. Das Filtrat namens Okara vergrub er einfach irgendwo im Wald, da er es nicht gebrauchen konnte. Schlichten Zitronensaft benutzte er zur Gerinnung und anschließend wurde das geronnene Sojaeiweiß mit Hilfe von schweren Steinplatten gepresst. Tofumachen war für ihn eine langsame Kunst, eine Andachtsübung. Die fertigen Tofustücke transportierte er in offenen Wassereimern bis nach München, um sie an Wohngemeinschaften, Kommunen, Makrobiotik-Gruppen, Tai-Chi-Kurse und vegetarische Restaurants zu verkaufen. Die Wassereimer schwappten im Citroën über und ruinierten sowohl Polster und Bodenblech wie auch die Nerven des Fahrers. Nach kurzer Zeit konnte man durch den Boden die Straße sehen und hören. Svadesha fuhr erst ein und dann zwei Mal pro Woche und brachte auf dem Rückweg manchmal Schwarzen Afghanen mit.
Die Leute, die das zweite Tofuprojekt namens *Auenland* ins Leben riefen, fühlten sich schon deutlich professioneller und gingen sehr sportlich an die ganze Sache ran. Sie grün-

deten direkt eine GmbH, druckten Visitenkarten und kauften jede Menge Sojabohnen, Maschinen und Verpackungsmaterial. Auf der allerersten Biomesse, dem *Frankfurter Körner Kongress* (FKK)[1], der 1983 in einer aufgegebenen Mühle stattfand, welche zu einem Kulturzentrum umfunktioniert war, legte die *Auenland GmbH* einen phänomenalen Auftritt hin. Die kaum zwei Jahre alte Firma präsentierte dort eine riesige Produktpalette von Sojajoghurts über unterschiedlichste Tofusorten und Tofuburger bis hin zu Aufstrichen, gesüßter Sojamilch und Sojaeiscreme. Die gesamte übrige Tofubranche[2] (Svadesha und wir) war schwer erschüttert. Allesamt waren wir sofort der Meinung, die Großindustrie in Kombination mit der Großfinanz sei dabei, die junge Tofubranche plattzumachen. Wir begegneten den *Auenland*-Leuten mit der matten Herzlichkeit von Feinden in unbestimmter Waffenruhe. Auf dem *Frankfurter Körner Kongress* zeigten wir einfach unseren Tofu, was sollten wir auch sonst tun. Wir schnitten ihn in Würfel und träufelten ein wenig Shoyu darüber. Vor Ort hatten wir ein großes Plakat gemalt, auf dem in großen bunten Lettern *Soyastern*, der Name unseres Tofukollektivs, stand. Der *Körner Kongress* diskutierte sehr kontrovers über Tierhaltung, weil einer der Aussteller eine lebendige Biokuh mitgebracht hatte. Fleisch im Bioladen war absolut verpönt. Es ging damals noch um eine echte Erneuerung, um eine vegetarische Biorevolution und nur Käse und Kuhmilch waren überhaupt denkbar. Die heutige Bioschweinekeulen- und Hühnerschenkelbranche, die prozentual sogar noch mehr Fleisch verkauft als der ganz

> Tofu is a doorway to the sunny side of life
>
> **TOFUISMUS NO. 7**

[1] Fotos der Messe auf Seite 139.

[2] Es gab damals noch einen weiteren Tofumacher in München, der auch gleichzeitig Tai-Chi-Lehrer war. Er hieß Giorgio oder so ähnlich, nahm aber nicht am *Frankfurter Körner Kongress* teil.

TOFU FACT NO. 7 Steigende Ölpreise machen uns bewusst, dass die fossilen Energievorräte endlich sind. Ein Hauptenergieverschwender weltweit ist die Massentierhaltung, nicht nur durch Verarbeitung und Transport, sondern auch durch den Einsatz von Kunstdünger und chemischen Pflanzenschutzmitteln, die meist in aufwändigen Prozessen aus Erdöl hergestellt werden. Im Vergleich hat eine rein pflanzliche Ernährung mit Bioprodukten viele Vorteile. Kunstdünger und chemische Pflanzenschutzmittel sind hier tabu. Und noch viel besser: Der Nährwert der Pflanzen kommt vollständig der menschlichen Ernährung zugute, ohne verlustreiche Umwege über Aufzucht und Fütterung von Nutztieren (im Durchschnitt entsteht aus 20 Kilo Pflanzeneiweiß nur 1 kg Fleischeiweiß). Viana[1] benötigt im Vergleich zu tierischen Produkten nur einen Bruchteil der pflanzlichen Rohstoffe, um leckere Lebensmittel mit dem gleichem Energiegehalt, aber viel besseren Nährwerten zu erzeugen. Das spart eine Menge fossile Energie und gibt Menschen und Tieren wertvollen Lebensraum zurück.

normale Handel, war noch weit entfernt. Mettbrötchen-Ausstellungen, wie die heutzutage jährlich in Nürnberg stattfindende *Biofach*, waren völlig undenkbar. Es ging in den 1980ern noch um Weltrettung und nicht um Kohle.

Apropos Kohle. *Auenland* ging schließlich wenig später Pleite, nachdem vorher noch ein netter, aber etwas unbedarfter Schweizer die Geschäftsführung übernommen hatte. Sein Glück war, dass er mit Gregor von *Soyastern* befreundet war und deshalb einen ganzen Güterwagon voll mit Sojabohnen aus der Konkursmasse an uns verkaufen konnte. Wir brauchten fast eine Woche, um den Güterwagon eigenhändig zu entladen und über vier Jahre, um die gesamte Hinterlassenschaft zu verarbeiten. Die ganze Zeit über plagten wir uns mit sauschweren 50-kg-Säcken herum und waren total erleichtert, als die Bohnen endlich verbraucht waren.

[1] *Viana* ist eine Marke der *Tofutown.com GmbH*. Sie umfasst Tofuprodukte und rein pflanzliche Fleischalternativen und ist in der Kühlung von Bioläden, Reformhäusern und Bio-Supermärkten zu finden.

Alle meine Entchen schwimmen auf dem See

Nach ein paar Jahren war Svadesha des Fahrens vom Bayerischen Wald nach München so überdrüssig, dass er sich im *Werkhaus*, einem selbstverwalteten Alternativzentrum mitten in München, eine kleine Tofurei einrichtete. Er bekam eine unbenutzte Ecke in den Räumen der dort ansässigen Vollkornbäckerei zugewiesen und besorgte sich einen alten Metzgerkessel sowie einige weitere Gerätschaften aus aufgegebenen Großküchen. Eine formvollendete Freakwerkstatt wie alle Tofureien damals. Als er mit der Einrichtung fertig war, musste er wegen heftiger Erschöpfung für ein halbes Jahr zu seinem Guru Bhagwan nach Indien. Vorher hatte er einen leidenschaftlichen, vegetarischen Aktivisten namens Alexander Nabben als Ersatzmann engagiert, der den Laden während dieser Zeit schmiss.
Der Tofuabsatz entwickelte sich recht positiv und die Eröffnung von Münchens erstem Bioladen *Erdgarten* verursachte einen zusätzlichen Schub. Als Svadesha zurückkam, zog Alexander Nabben weiter und gründete im fränkischen Dornhausen die deutsche Filiale der amerikanischen Hippiekommune *The Tennessee Farm* – zur Freude der übrigen Bewohner. Die Original-»Farm« in den USA war komplett autark und versorgte sich selbst durch den Anbau von Gemüse sowie Sojabohnen, die vor Ort zu Tofu, Tempeh, Miso und Sojamilch verarbeitet wurden. Die Farmleute waren sehr geschickt im Umgang mit Nahrungsmitteln und schrieben viele Bücher übers Kochen und die Selbstversorgung. Alle waren Vegetarier und ich glaube die Kommune besteht bis heute. Alexander störte lediglich, dass sie mit riesigen amerikanischen Straßenkreuzern unterwegs waren, die Unmengen an Sprit verbrauchten. Diesen Punkt wollte er in Deutschland verbessern. Er veranstaltete regelmäßige nationale Tofumacher-Treffen, um alle auf Linie zu bringen

und gegen den seiner Meinung nach um sich greifenden bösen Kommerz in der jungen Tofu-Branche zu kämpfen. Er schrieb deswegen auch mehrere offene Briefe an die drei Tofureien, die sich zwischen den Zeilen zuerst gegen *Auenland* richteten und später dann gegen *Soyastern*. Seine Ideen waren auf Selbstversorgung, Aufhebung der Trennung zwischen Arbeit und Freizeit, hierarchiefreies Leben in Kommunen, Zerschlagung der Lebensmittelindustrie und Beendigung der Massentierhaltung ausgerichtet. Er importierte tausende von »Do-it-yourself-Tofu-Sets« die aus einem kleinen Edelstahl-Presskasten sowie Tüchern und Sieben und einem winzigen Säckchen Nigari bestanden. Mit dieser Aktion wollte er Wohngemeinschaften, Kommunen und Privathaushalte dazu bringen, selbst Tofu und vegetarische Lebensmittel herzustellen. Er hielt das für den entscheidenden Schlag gegen die Lebensmittelindustrie und einen Meilenstein auf dem Weg zur weltweiten Selbstversorgung. Seine Franken-Farm hingegen hielt sich nicht allzu lange. Aber seit dieser Zeit gründete und gründet er immer noch mit kaum nachlassender Tatkraft jede Menge revolutionärer Projekte wie Selbstversorgungs-Gruppen, Tofu- und Veggiekollektive, Restaurants, vegetarische Kochprojekte, Jugendgruppen, Sojaverbände, vegane und vegetarische Kommunen und er schreibt regelmäßig Kochbücher, Ratgeber, Märchenbücher und hymnische Texte über Veganismus. Sein Weg führte ihn in alle möglichen Ecken. Heute lebt er irgendwo im revolutionärsten Teil Deutschlands, im Allgäu.

Tofu is a love letter to your body

TOFUISMUS NO. 5

Tofu und Babys machen

Tofu besitzt das Potenzial, einen zu überwältigen. Mitten im Winter sah ich zum ersten Mal zwei jungen Männern und drei jungen Frauen dabei zu, wie sie in einem gekachelten Raum voller Dampf Tofu machten. In regelmäßigen Abständen tauchte einer der männlichen Typen aus dem Nebel auf und ließ ein ganzes Blech mit fertig geschnittenen weißen Tofublöcken in eine große Wanne mit Wasser rutschen, indem er das Blech kurz untertauchte und dann schwungvoll mit einem Ruck wieder rauszog. Die weißen Blöcke tauchten langsam in die Wanne ein, die in einem zugigen ungeheizten Durchgang vor dem eigentlichen Produktionsraum stand.
Die hübsche kleine Revolution, bei der sich die Dinge unwiderruflich veränderten, zumindest für mich, startete in jenem Wohngebiet in Siegburg. Die Tofustücke lösten sich unter Wasser wie in Zeitlupe von dem Blech und sanken langsam zu Boden. Mein erster Job war das Abpacken. Man musste dafür die erkalteten Stücke aus dem riesigen frischen Wasserbottich wieder rausfischen und mit nassen, klammen Händen in eine ebenfalls nasse Plastiktüte reinpfriemeln. Die eingetüteten Tofustücke wurden dann in eine bauchnabelhohe Vakuummaschine eingelegt, die mit einem großen Deckel verschlossen wurde. Jedes Mal musste man sich mit dem ganzen Körper auf den Deckel schmeißen, damit er gut schloss. Der Boden unter der Maschine war schräg, was das Schließen des Deckels enorm erschwerte. Mit einem lauten Ausatmen hob sich der Deckel nach einigen Minuten und gab fest in Folie vakuumierte Tofustücke frei. Sie wanderten ordentlich in Stapelkisten eingeschichtet ins Kühlhaus, wo sie auf die Etikettierung und den Versand warteten. Später entwickelte Gregor dann eine kleine Rutsche, um die man die offene Vakuumtüte stülpen konnte, um dann von oben mit Schwung das Tofustück in die Tüte zu pfeffern. Das machte mehr Spaß und die Arbeit ging

schneller und leichter. Jeden Tag packte ich mit einem Sannyasin-Mädchen mehrere hundert Stücke ab und lernte langsam die Arbeit in der Tofurei kennen.

Tofumachen hat viel mit Wasser, Hitze und Dampf zu tun. Die Tofumacher hatten schwere weiße Gummischürzen an, um sich zu schützen. Nach ein paar Minuten in der Tofurei hatte man trotz Gummihandschuhen nasse, aufgeweichte Hände und im Winter wurden sie auch noch sehr schnell kalt. Der Raum war unbeheizt und sehr zugig. An den Füßen hatten wir alle gefütterte Gummistiefel. Nach einer halben Stunde waren sie auch von innen nass.
Zum Beginn wurde gegen fünf Uhr morgens ein kleiner knallgelber Kärcher-Dampferzeuger angeschmissen, der laut knatterte und zitternd über Rohrleitungen seinen Dampf an eine Art Druckkochtopf lieferte. Der Dampferzeuger machte ständig Ärger und war entweder verkalkt oder sonstwie kaputt. Dann musste ein korpulenter Monteur kommen, der mit viel Aufwand das gelbe Ding wieder zum Knattern brachte.
Die Maschinen bei *Soyastern* waren antik und futuristisch zugleich. Sie sahen so aus, als hätte Daniel Düsentrieb persönlich seine Finger im Spiel gehabt. Überall zischte und boxte es in den Rohren und die permanenten Dampfschläge klangen so, als hätte Düsentrieb nicht seinen besten Tag gehabt. Niemals funktionierte alles gleichzeitig.
Jeden Tag weichten wir die Bio-Sojabohnen in den gleichen Wannen ein, in denen später am Tag auch der fertige Tofu landete. Es war ein geschlossener Kreislauf. Am nächsten Morgen wurden die eingeweichten Bohnen dann auf große Eimer verteilt, die wir unten durchlöchert hatten. Von oben steckten wir einen Wasserschlauch in die Bohnen, um sie zu waschen. Das Wasser lief durch die Löcher unten wieder raus. Die Eimer voll mit Bohnen wurden dann in einem Kraftakt in einen mannshohen, trichterförmigen Durchlaufkutter gewuchtet. Diese Maschine pürierte die nassen Boh-

TOFU FACT NO. 10

Bei der Gentechnik sind die Deutschen konsequent: Manipulierte Lebensmittel kauft hierzulande niemand. Die Industrie hat da natürlich längst einen Schleichweg entdeckt: Fleisch, Milch, Eier & Co. Was an die armen »Nutztiere« verfüttert wird, braucht man dem Kunden nicht zu erzählen. So wird bei Futtermitteln genmanipuliert, was das Zeug hält. Und das ist eine Menge, schließlich wandern rund 80 (!) Prozent der weltweit angebauten Pflanzen in die Tiermast. Ob die Gentechnik dann über Verunreinigungen der Tierprodukte, gar direkt über das Fleisch und die Milch, oder auch nur aufgrund des Futteranbaus im Freien im menschlichen Körper landet, das ist dann fast schon egal.
Die Lösung? Rein pflanzliche Bio-Produkte. Die sind frei von Gentechnik und sparen durch die direkte Ernährung, ohne den Umweg über das »Nutztier«, eine riesige Menge Pflanzen ein. All die wenig erfolgreichen Versuche, die Natur zu kurzzeitigen Höchstleistungen zu manipulieren, werden damit schlicht überflüssig.

nen und ließ sie platschend in einen runden Auffangbehälter am Boden laufen. Dort wurde das Püree erneut mit Wasser versetzt und mit Hilfe des Dampfes in unseren großen ca. 100 Liter fassenden Druckkochtopf mitgerissen. Das machte ein lautes, saugendes und klopfendes Geräusch. Um die gesamte Bohnenportion rein zu bekommen, nahmen wir ein Paddel und quirlten wild in dem Behälter herum. Dann musste der jeweilige Tofukocher ein rundes handtellergroßes Drehventil aufmachen, das immer leck war und deswegen gefährlichen, heißen Dampf ausprühte. Augenblicklich schoss die heiße Energie mit dem Lärm eines startenden Düsenjets in das wässrige Bohnenpüree.
Nach ein paar Minuten war die ganze Chose gekocht und konnte rausgelassen werden. Dazu machte man ein Schieberventil auf und über ein brusthohes Rohr ergoss sich die siedend heiße Sojamilch in einen Filtriersack, den man vorher um das offene Ende des Ablassrohres herumbinden musste. Der Sack blähte sich unter der sich schnell ergießenden Sojamilch und hatte die Aufgabe, die zahlreichen

Feststoffe namens Okara zurückzuhalten. Es gab immer so große Mengen an Okara, dass der Sack schnell voll war. Er wurde dann abgebunden und zugeknotet und mit Hilfe einer Spindelpresse, die man herunterdrehen musste, ausgewrungen. Die heiße und feuchte Okaramasse wurde von dem jeweiligen Sojamilchkocher anschließend aus dem heißen Filtriersack in einen leeren Papiersack reingeschubbelt. Als Papiersäcke nutzten wir die Säcke, in denen sich vorher die trockenen Sojabohnen befunden hatten. Da das Okara nass und sehr heiß war und die Papiersäcke deshalb schnell durchweichten, war das Ganze ein kniffliges Abenteuer. Die Säcke rissen zu guter Letzt oft beim Wegtragen und alles landete auf dem Boden.
Die gefilterte Sojamilch floss weiter in fahrbare, runde Töpfe, die wir mit kräftigem Ziehen und Drücken über den gekachelten, schrägen Boden bugsierten. Es ruckelte und schwappte permanent. In diesen Töpfen war noch ein zweites, viel feineres Tuch, das die durch den ersten Filtriersack geschlüpften Mengen an Okara auffangen sollte. Es wurde ebenfalls ausgewrungen und das jetzt ganz feine Filtrat auch in den Papiersäcken mit dem heißen Okara untergebracht. Diese Säcke nahmen wir mit nach Hause und versuchten sie entweder zu kompostieren oder an einen befreundeten Biobauern loszuwerden.
Zur Gerinnung wurde die dampfende Sojamilch mit einem reinen Meersalz-Extrakt namens Nigari versetzt und gerann, wenn alles klappte, nach ca. einer halben Stunde. Die Gerinner waren die Könige unter den Tofumachern. Es gab ganz viele Theorien darüber, wie die Sojamilch am besten zu behandeln sei. Nach einem Jahr durfte auch ich endlich gerinnen und ließ das aufgelöste Nigari über ein langes und vorn etwas breiteres und gelöchertes Kunstoffpaddel in die Sojamilch tropfen. Dann setzte ich den Topfinhalt mit dem Paddel heftig in Bewegung, so dass die Milch erst nach ein paar Minuten wieder zur Ruhe kam. Eine andere Theorie besagte, die Sojamilch müsse erst abgekühlt sein und dann

ganz sanft mehrfach mit Nigari beträufelt werden. Nur diejenigen unter uns, die gerade keine großen privaten Probleme oder Stress hatten, durften gerinnen. Wir meditierten viel, um für diesen spirituellsten Teil der Arbeit gerüstet zu sein und brannten vor Eifer, der Würde unseres Handwerks Geltung zu verschaffen.

Es waren immer fünf große, am Boden mit kleinen Rollen versetzte 100-Liter-Töpfe im Umlauf. Wenn die Gerinnung ideal funktioniert hatte, flockte ganz unten in den Töpfen das Eiweiß aus und darüber bildete sich eine bernsteinfarbene Molke. Ein ganz feines Tuch wurde von oben in den Topf eingelegt und über den Rand gestülpt. Mit Hilfe eines schweren, löchrigen Metallsiebes, das auf das Tuch aufgesetzt wurde und langsam nach unten sank, konnte sich die Molke oben sammeln. Sie wurde von uns mit einer Kelle abgeschöpft und landete platschend auf dem Boden in der Nähe des Gullys. Das Tuch mit dem Metallsieb wurde anschließend herausgenommen und gab den noch sehr nassen weichen Tofu auf dem Boden des Topfes frei. Er musste noch fertiggepresst werden. Das bewerkstelligten wir, indem wir ihn in quadratische Presskästen schöpften, die vorher mit Baumwolltüchern ausgelegt wurden. Die leeren Töpfe kamen zurück und wurden wieder mit heißer Sojamilch befüllt. Wenn die Presskästen voll Tofu geschöpft waren, wurde das Baumwolltuch komplett darübergelegt

TOFU FACT NO. 5 Was als »normales« Grillwürstchen daherkommt, enthält oft eine Menge Fett – 30 Prozent und mehr können es durchaus werden, davon ein großer Teil unvorteilhafte gesättigte Fettsäuren. Das perfekte Kontrastprogramm sind Veggie-Würstchen: Bei »Viana« enthalten sie z.B. 0 Prozent Cholesterin und nur rund 15 Prozent Fett – und das stammt aus feinstem Biopflanzenöl mit mehr als 85 Prozent einfach oder mehrfach ungesättigten Fettsäuren. Diese helfen, den Cholesterinspiegel zu senken und die Gefäße zu schützen.

und von oben kam ein Metalldeckel darauf, der genau in den Kasten passte. Mit Hilfe von mehreren Holzbrettern zum Ausbalancieren wurde auf dem geschlossenen Kasten dann ein schweres Steingewicht platziert. Später dann arbeiteten wir nicht mehr mit Gewichten, die sehr schwer zu heben waren und noch dazu aufwändig per Hand auf die Kästen gehievt werden mussten, sondern mit einer Pressbank, die mit Gegengewichten arbeitete und immer neu gespannt wurde, sobald wieder ein wenig Molke aus dem Tofu herausgepresst war. Etwa eine Dreiviertelstunde blieb der Tofu in der Presse. Dann wurde der Kasten von dem jeweiligen Tofupresser gestürzt, der ihn meist einfach auf die Pressbank krachen ließ und von dem Baumwolltuch befreite. Der fertig gepresste, immer noch heiße Tofukuchen lag dann auf dem umgedrehten Pressdeckel, um in kleine Blöcke geschnitten zu werden. Der Deckel wurde als Tablett gebraucht und in den Kühlbecken untergetaucht. Es arbeiteten immer zwei Leute zusammen, einer kochte und einer gerann und presste. Zwei kamen dann noch etwas später und packten das Tagwerk ab. Anschließend wurde geputzt, was eine Heidenarbeit war. Alle Teile wurden von Hand gewienert und von den hartnäckigen Sojaeiweißresten befreit. Zum Anfang putzten wir mit der Sojamolke. Die buddhistischen Tofumacher machen es traditionellerweise so. Später nahmen wir dann normale Reinigungsmittel. Laut Bill Shurtleff lassen sich Tofumacher weder beim Tofumachen noch beim Babymachen von Fremden zugucken. Ich hab beim Ersteren mal eine Ausnahme gemacht, und Sie wissen als Leser jetzt ziemlich genau, wie es funktioniert. Machen Sie eine Tofufirma auf! (Oder einen vegetarischen Schnellimbiss, was noch sinnvoller sein könnte.)

TOFUISMUS NO. 12

Tofu gives you choices you never thought you had before

Tofumachen war ein immerwährender Kreislauf aus früh aufstehen, nach Siegburg fahren, Nässe, Dampf, Wasser, schwerer körperlicher, gemeinschaftlicher Arbeit, stundenlang putzen, sitzen und diskutieren, wenig schlafen, Bohnen schleppen, Dampfleitungen reparieren, Handwerker holen, Klein- und Gebrauchsteile einkaufen und so weiter und so weiter. Daneben gab es noch die Welt des Verkaufens. Wir mussten Broschüren schreiben – die Beckmanns waren darin richtig gut – und anschließend verteilen, Bestellungen aufnehmen, Pakete packen, Rechnungen mit der Hand schreiben und mit einem Stempel bestempeln, der sich bei jedem dritten Runterdrücken automatisch selbst eine Nummer weiterstellte, Touren packen und mit einem vollen Lieferwagen durch ganz NRW fahren, Geld einnehmen und verteilen, Mahnungen schreiben, mit Groß- und Einzelhändlern verhandeln, Verkostungen durchführen, Etiketten gestalten, mit Öko-Journalisten sprechen, an Messen teilnehmen, Quittungen und Ausgaben für den Steuerberater zusammenstellen (Gregors Frau hatte Übung darin und machte das zwischen ihrer Bioladenarbeit und der Kinderbetreuung), Gewerbe anmelden (»Watt wolln Sie anmelden ä ne Torfurei? Watt soll datt denn sein?«), Verträge schließen, diskutieren, wer was warum wie macht, Anträge stellen, sich vor Beamten fürchten, Pläne schmieden, Verbrauchern Auskunft geben und so weiter und so fort.

Einer der Kollektivisten hatte sich auf das Servieren des Frühstücks spezialisiert. Er kam immer etwas später und tischte formidabel auf. Frisches Obst. Biobrötchen. Selbst gemachte Pasten. Orangensaft. Wir ließen uns meist in dem Innenhof vor der Tofurei nieder, in dem auch der große, eingezäunte Zwinger für Strollsch stand und genossen eine gute halbe Stunde die herrliche Pause. Dann warfen wir den Dampferzeuger wieder an, der flugs unvermittelt ruckte und knatterte. Es ging dann meistens bis in den späten Nachmittag und danach putzten wir zwei bis drei Stunden die Anlage. Spät abends fuhren wir zurück nach Köln und fielen ermattet in tiefen Schlaf. Wenn irgendetwas klemmte oder die Tagesproduktion sich erheblich verschob, schliefen wir direkt auf den Säcken mit Sojabohnen im kleinen Lager neben der Tofurei und machten am frühen Morgen weiter.

Wie kriegt man eiweißhaltige Muttermilch aus Kühen rausgepresst?

Okay, wir haben gelernt, wie es bei Sojamilch und Tofu geht und wie anstrengend das ist, aber was passiert bei den Kollegen des Schmerzes, bei den Tierzüchtern und Milchbauern? Wie ergeht es den Kühen?
Nun, eine Kuh ist eine Kuh und nur dazu da, sich von irgendwelchen Leuten ausbeuten und nach einem unromantischen Leben zu guter Letzt in die Pfanne hauen zu lassen. Trotzdem freut sie sich ein Loch in den Bauch, denn Kühe sind nett und fressen und fressen und fressen. Am liebsten Gras, Weide, Klee, aber der Bauer gibt ihr vor allem leckeres Kraftfutter aus der Fabrik, weil eben auch die Kuh für ihn eine Fabrik ist. Das viele Futter, ebenfalls mehrheitlich Soja, kommt schon fix und fertig mit vielen schicken Arzneimitteln versetzt. Die Kuh verschlingt das alles und macht den ganzen Tag nicht viel mehr. Sie schnaubt und schnappt es klein, zermahlt es, vermischt es mit Kuhspucke und spült es in den Pansen. Der macht kleine Futter-Kuhspucke-Mix-Kügelchen daraus und mittels eines deftigen Rülpsers, den ansonsten nur Bayern-Profis nach dem Gewinn der Meisterschaft und heftigem Genuss von kohlensäurehaltigem Bier schaffen, kommt das Ganze wieder zurück ins Maul. Es gurgelt, rülpst, furzt und knattert die Kuhmaschine und das Kügelchen-Breisabber-Gemixe verdichtet sich immer mehr und sammelt sich schließlich vor dem Ende des aller-

letzten Magens. Die Kuh hat jede menge Mägen. Im letzten wird schließlich das restliche Wasser langsam entzogen, der Breisabber konzentriert sich weiter und mit Hilfe von Enzymen wird das Eiweiß, übrigens ursprünglich mal pflanzliches Eiweiß, herausgelöst. Wenn die Kuh ein Baby hat – und sie hat eins, weil sonst der Metzger schon längst Hackfleisch aus ihr gemacht hätte –, kommen die Eiweiße in die Kuhmuttermilch. Die Kuh ist eine gezüchtete, sogenannte Turbokuh, ein übertriebener Muttermilchballon, der immer kurz vor dem Platzen steht. Natürlicherweise haben Kühe nur so viel Muttermilch, dass sie ein einziges Kuhkind, ein Kälbchen, ernähren können. Sie sind überhaupt nicht dafür gemacht, uns Menschenkinder zu versorgen. Die Kuh wird auch nicht schwanger, weil sie einen sympathischen Ochsen kennengelernt hätte, sondern weil der Bauer sie von einem kuhfremden »Besamer«, einem Alien in der Kuhwelt namens Mensch, vergewaltigen lässt. Es ist keine Liebe und schon gar keine Natur im Spiel. Der Tierhalter schließt die immer schwangere und stillende Kuh mehrmals täglich an eine Melkmaschine an, eine Pumpe mit vier Saugnäpfen, und sammelt die Kuhmuttermilch in einem Tank, den ein Molkereitankwagen alle zwei bis drei Tage leert. Der hat keine vier, sondern nur einen Saugnapf und funktioniert umgekehrt wie der Heizöltankwagen, der unsere Heizungen mit Öl versorgt. Ziemlich viel vom dem, was sie frisst und trinkt, fließt aus der Kuh hinten wieder raus, weil sie einen Riesenstoffwechsel hat. Das Knattern und Furzen setzt außerdem ein Gas namens Methan frei, aber das ist eine andere Geschichte und hat viel mit einem Mann namens Al Gore zu tun. Ökonomisch outputmäßig gesehen ist die Kuh diesseits ihres Todes ein kleines Tröpfchen Milch mit ganz viel Gülle sowie eine ständig schwangere Kälbchengebärmaschine und jenseits zerfällt sie in zwei unterschiedlich große Teile. Wenig Fleisch und ganz viel Schlachtabfall.

TOFUISMUS NO. 15

Tofu loves you

Die ganze Kuhgeschichte ist schon sehr traurig, und an dieser Stelle muss ich die allerschönste »Schlagartig-Vegetarier-Werdungs-Geschichte« erzählen, die ich kenne. Sie ist von Ajahn Brahm[1], einem buddhistischen Mönch, den ich zufällig durch sein dreckiges englisches Dockarbeiterlachen kennengelernt habe. Er erschütterte damit den Aufzug und die Lobby eines einfacheren Hotels in Singapur und ich habe ihn deswegen angesprochen, während ich auf ein Taxi wartete. Er erzählte mir, er habe eine buddhistische Krankenversicherung und eine wunderbare buddhistische Altersversorgung, einen »Buddhist Retirement Plan«[2], sei damit frei von allem Ballast und könne deswegen auch so dreckig und so viel lachen wie er wolle. Ich sagte ihm, ich selbst hätte genauso viel Glück, nämlich eine Tofurente, und könne mein ganzes Leben soviel Tofu essen wie ich wolle. Er schlug mir auf den Rücken und schrie: »You are vegetarian, I have a story for you!« Als Ratgeber und buddhistischer Mönch sei er regelmäßig in den Gefängnissen in der Nähe seines Heimatklosters in Westaustralien. In Australien, als Teil der angelsächsischen Tradition, ist es üblich, direkt neben Gefängnissen Schlachthöfe zu platzieren und die Gefangenen, besonders die Schwerverbrecher, das unromantische Kopfschlachten durchführen zu lassen.
Der Kopfschlächter, den Ajahn Brahm beschrieb, ist sehr groß, muskulös und am ganzen Körper tätowiert. Er sitzt lebenslänglich und ihm gefällt die Arbeit, die in etwa so

[1] Ajhan Brahm ist ein sehr bekannter Mönch der Theravada Linie. Er leitet die *Buddhist Society of Western Australia*, was mir völlig unbekannt war als ich ihn ansprach. Bei *Youtube* sind viele bemerkenswerte Talks abrufbar.

[2] Die Buddhistische Kranken- und Rentenversicherung ist einer der Lieblingsgags von Ajahn Brahm, er ist Bettelmönch ohne jedes eigene Einkommen. Sein Bauch und sein Körper gehören anderen Leuten. Mönche seines Ordens sind als Ratgeber in Lebenskrisen gefragt, weil sie keine eigenen Interessen haben, quasi nichts zu verlieren haben. Er erzählt in seinen Talks viele Gefängnisgeschichten und Geschichten, die sich mit dem »haben wollen« beschäftigen.

funktioniert: Die Kühe werden von einigen Gefangenen mit Peitschen und Stöcken in einen sich langsam verengenden Trichter getrieben, bis nur noch eine einzige Kuh ganz am Ende des Trichters in einer Einzelkabine steht. Dann nimmt der Kopfschlächter, unser Mann mit den Tätowierungen, das Bolzenschussgerät, das in Gefängnissen angekettet ist, damit niemand außer den Kühen zu Schaden kommt, setzt es an den Kopf der Kuh und schießt einen Bolzen in das sich vor Todesangst wehrende Tier. Mit Glück ist die Kuh dann etwas betäubt und ein zweiter Schuss tötet sie, worauf das Tier endlich krachend zusammenbrechen kann. Oft sind die Kühe dann noch nicht ganz tot, können sich aber nicht mehr viel bewegen, sondern zucken nur noch. Es gibt auch sehr starke Tiere, die insgesamt drei Bolzenschüsse bekommen. So geht das den ganzen Tag. Ein Schuss zum Betäuben, ein Schuss zum Zusammenbrechen, nächstes Tier, ein Schuss zum Betäuben, ein Schuss zum Zusammenbrechen und so weiter und so weiter. Alle Kühe brüllen vor Todesangst schon weit vor der letzten Kabine und die Männer treiben sie immer rein in den Trichter, versetzen ihnen die Bolzenschüsse und ziehen zum Schluss die schweren, blutenden, zuckenden Tiere an den Füßen aus der Kabine heraus. Sie machen das täglich mit hunderten von Tieren. Unser Mann mit den Tätowierungen tut das über Jahre, und dann kommt sie, die eine Kuh, die sich kein bisschen wehrt. Sie geht ruhig, fast gelassen in dieses brüllende Todeschaos, und als sie dann dran ist, spaziert sie absolut freiwillig in die letzte Kabine, ohne dass einer der Treiber sie von hinten schlagen oder peitschen muss. Sie ist ein Todesprofi und steht ruhig da, unser Mann macht das Bolzenschussgerät fertig und die Kuh wendet ihm den Kopf zu, um ihn direkt anzuschauen. Sie sieht ihm geradewegs in die Augen. Kühe haben riesige Augen. Sie schaut ihn einfach nur an. Der Mann ist irritiert. Er dreht ihren Kopf nach vorne, um ihr nicht mehr in die Augen blicken zu müssen, aber sie dreht ihn sofort wieder zurück und schaut ihn erneut an. Ajahn Bram erzählt, sie hätte eine kleine Träne in einem ihrer beiden Augen gehabt. Der Mann ist augenblicklich im Arsch. Sein ganzes Leben fliegt ihm um die Ohren. Er schreit, dass er niemals diese Kuh töten könne, ja dass er nie wieder eine Kuh töten könne und er wirft den Wärtern das Bolzenschussgerät vor die Füße. Er wird gepackt, kommt in Einzelhaft und ist seit diesem Kuh-Augenblick Vegetarier.

Durfte András überhaupt eine Friteuse kaufen?

András war nicht sonderlich gut in den langen und sehr zahlreichen Kollektiv-Diskussionen und ich noch weniger. Immerzu musste er mit seinem Stuhl kippeln und wackelte unentwegt mit einem Bein, das er über das andere geschlagen hatte. Nach ein paar Minuten musste er dann die Beine wechseln und am liebsten hatte er, wenn er mit einem Fuß rhythmisch an ein Stuhlbein oder ähnliches klopfen konnte. Seine Welt war das Machen.
Er holte mich immer morgens in meiner Hinterhofwohnung im Kölner Süden in der Nähe des freien Kulturzentrums *Stollwerk*[1], ab. Wenn ich noch schlief, klingelte er Sturm, schlüpfte in die Wohnung und stieg über meine Musikerkollegen, die meist noch schlafend auf dem Boden lagen. Während ich mich anzog guckte er sich meine Platten und Saxophone an und landete immer bei einer Bassklarinette, die er jedes Mal aufs Neue bewunderte. Er machte Tee in

[1] *Stollwerk* nannte sich eine von jungen Leuten und Künstlern besetzte abgewrackte ehemalige Schokoladen-Fabrik im Kölner Süden. Dort fanden Konzerte, Ausstellungen und Kunstaktionen statt. Außerdem haben viele Musiker da geprobt und es gab Ateliers für Künstler. Das Stollwerk war der Schmelzpunkt für Subkultur und Revolution. Es wurde Jahre später von der Stadt Köln gewaltsam geräumt und existiert heute immer noch in anderer Form und neuer Lokalität als Bürgerhaus Stollwerk mit öffentlichen Geldern.

der Küche und anschließend fuhren wir mit seinem großen alten Ford Granada Kombi eine knappe Stunde nach Siegburg. Er sprach während der Fahrt ganz langsam mit dunkler Stimme und entwickelte verwegene Pläne, die unentwegt in seinem Kopf wuchsen und meist damit endeten, dass wir irgendwann hunderte von Angestellten haben würden. Die dann riesige Firma sollte *Deutsche Tofu Werke* heißen. Es waren lange Selbstgespräche. Ich saß müde daneben, hatte die Augen geschlossen und meditierte.
Hinten im Wagen hatten wir Wäschekörbe mit frisch gezogenen Sprossen, die wir in der Tofurei in Tüten packten und an Restaurants und Läden verkauften. András zog sie in seiner heimischen Badewanne. Er wohnte mit Frau und Kindern in einem Haus, das seinen Schwiegereltern gehörte und musste die Sprossenproduktion jedes Mal abrupt unterbrechen, wenn sie zu Besuch kamen. Dann gab es in ganz NRW keine selbstgezogenen Sprossen. Ab und zu ging ihm bei der Sprossenzucht was daneben und dann stanken Mungos, Alfalfas und Kichererbsensprossen im Auto zum Himmel. Selbst im tiefsten Winter mussten wir deshalb oft mit komplett geöffneten Fenstern fahren.
András stürzte sich in jede Art von körperlicher Arbeit. Wir beide wurden mit seiner nie versiegenden Kraft und meinem Überblick schnell zum Top-Tofu-Team des Kollektivs. Er gerann den Tofu, während ich kochte, und am nächsten Tag wechselten wir uns ab. Unser Streben ging dahin, jeden Tag etwas schneller zu sein als am Tag zuvor. Wir waren echte Männer und unser Ehrgeiz war es, nicht nur superschnell zu sein, sondern auch noch weitere Lebensmittel möglichst gleichzeitig herzustellen. Unsere Erdnussmus-Versuche schlugen regelmäßig fehl und einmal versuchten wir uns an Seitan, einem weiteren rein pflanzlichen Produkt aus Weizen. András hatte dafür einen riesigen schrottreifen Bäckereikneter organisiert, den wir mit Strom versorgten und der immerhin seinen wuchtigen Knetarm rhythmisch heben und senken konnte. Die riesige, schwere Schüssel

mussten wir allerdings von Hand drehen, da der Keilriemen verschlissen war. Sie war aus Eisenguss. Beim Seitanmachen kam es darauf an, irgendwie an das klebrige, kaugummiartige Weizeneiweiß ranzukommen. Wir machten einen Teig aus Weizenmehl und setzten den Teigklumpen unter Wasser, welches sich unter den Knetbewegungen durch die wasserlösliche Stärke weiß färbte. Das Wasser wurde häufig gewechselt. Am besten ist es, wenn man abwechselnd kaltes und warmes Wasser nimmt. Irgendwann hielten wir den Kneter an und suchten mit den Händen in dem milchigen Wasser nach dem Weizeneiweißklumpen. Wir fanden ihn nicht, hingen beide bis fast zu den Schultern in der milchigen Brühe, die auf der Oberfläche Blasen warf, und suchten mit den Händen den Boden ab. Als wir die Arme wieder rausnahmen, klebten klitzekleine Weizeneiweißbröckchen an jedem einzelnen unserer Armhaare. Abpiddeln war hoffnungslos und auch alle anderen Versuche, die klebrigen Bröckchen wieder loszuwerden, schlugen fehl. Am nächsten Tag waren unsere Arme rot und noch dazu mit Fusseln verklebt. Es blieb uns gar nichts anderes übrig als uns gegenseitig die Arme zu rasieren. »Wie die KZ-Häftlinge«, schrie Frau Müllermetzger. Unsere Arme waren nach der Rasur tagelang entzündet.

Take tofu – because how we eat is how we manage planet earth

TOFUISMUS NO. 10

Regelmäßig bekamen wir von einer Amerikanerin Besuch, die den örtlichen Bioladen führte. Sie hatte ein starkes Sendungsbewusstsein und kam oft mit Quatschen dermaßen auf Touren, dass wir uns nur retten konnten, indem wir kurzerhand inmitten ihrer Ausführungen die Anlage anschmissen. Sie ließ sich selbst von dem Lärm des startenden Tofu-Düsenjets nicht stoppen, sondern schaltete automatisch auf Körpersprache um und fuchtelte wild mit ihren Armen in der Luft rum. Besonders wenn sie auf ihren Helden Dr. Bru-

cker und auf Fluor in Zahnpasta zu sprechen kam, gab es kein Erbarmen.
Sie brachte uns ab und an ihr nicht verkauftes Biogemüse mit und meinte, wir sollten doch Burger daraus machen. Biogemüse ist nun mal Biogemüse und taufrisch war es zu dieser Zeit ohnehin nie. Wir schnippelten es klein und kneteten es zusammen mit Tofu, der von verschollenen oder nicht auffindbaren Kunden zurückkam und machten zusammen mit gekochtem Reis und Haferflocken einen Teig. Dann formten wir daraus mit den Händen tennisballgroße Kugeln und brieten sie in einer Pfanne bei Frau Müllermetzger in der Küche. Die ließ sich die Chance nicht entgehen, übernahm kurzerhand die Würzung höchstpersönlich und versuchte ständig Schweineschmalz in unserem Teig unterzubringen. András kaufte irgendwann entnervt eine kleine Fritteuse und wir stiegen flink ganz groß in die internationale Tofu-Burger-Produktion ein. Das Kollektiv behauptete, das wäre aber so gar nicht abgesprochen gewesen, und deshalb standen wir zwei ab sofort jeden Freitag alleine da und frittierten uns die Seele aus dem Leib, die Burger liefen nämlich phantastisch. Frau Müllermetzger war ebenfalls beleidigt, weil wir sowohl ihre Küche als auch ihr Schweineschmalz abgewiesen hatten. Dazu kam auch noch ein dritter Beleidigter. Herr Müllermetzger war unbedingt der Meinung, dass wir nicht mit so vielen Leuten arbeiten sollten. »Und jetzt auch noch diese Frittiererei.« Er meinte, wir sollten an einem Tag nur »Machen« und dann am nächsten nur »Abpacken«. So als ginge es uns vor allem darum, immer beschäftigt zu sein. Unser quirliges Kollektiv hatte aber so viel Absatz, dass wir jeden Tag produzierten und gleichzeitig abpackten. Er konnte es nur schwer ertragen, dass ständig neue Leute in der Tofurei herumliefen, die er nach wie vor »Wurstküche« nannte. »Die Personalkosten, datt kostet doch alles. Die fressen euch doch auf. Ihr hab doch gar nix davon! Das bringt doch alles nur Kosten!! Die Kosten, die KOSTEN, die bluten euch doch aus ...«, rief er

TOFU FACT NO. 6 60.000 Fälle von Salmonellen-Erkrankungen melden die deutschen Gesundheitsämter jedes Jahr. Experten rechnen zudem mit einer Dunkelziffer von einigen 100.000 Fällen – das enthüllte das ARD-Magazin »Report« im Juli 2009. Salmonellen sind in Deutschland die häufigste Folge von Lebensmittelinfektionen. Übertragen werden sie von tierischen Produkten wie Fleisch, Milch und Eiern. Gute Karten für Viana-Fans: Im gesamten Viana-Betrieb werden ausschließlich rein pflanzliche Lebensmittel verarbeitet – Salmonellen haben keine Chance.

immer wieder. Wir sollten seiner Meinung nach den Tofu außerdem unbedingt im Kühlraum an Haken aufhängen, so wie er es immer mit den »Schultern« und den »Vierteln« getan habe. Er konnte gedanklich nicht so ganz einsortieren was wir überhaupt machten und welches schräge Konzept dahinter steckte. Laut Herrn Müllermetzger war das größte Problem der Neuzeit, dass junge Leute auf der Straße herumlungerten und dort zu langhaarigen Terroristen wurden. Er hielt uns zugute, dass wir wie wild arbeiteten, aber mit diesem vegetarischen Zeugs und unseren Outfits konnte er sich nicht anfreunden. Er war freundlich und völlig harmlos und seine Tipps mussten einfach aus ihm raus, er konnte sie nicht für sich behalten. Mit Metzgertipps muss man als Tofumacher sehr, sehr vorsichtig sein.

Sehnsüchte

Mir ging es gut. Von Samstag bis Montag machte ich im Stollwerk Musik und den Rest der Woche powerte ich mich mit Tofumachen aus. Jeder Tag war absolut ausgefüllt. Die beiden Punkbands, in denen ich Saxophon spielte, liefen ganz gut. »Immer arbeiten« war unser Motto. Wir klebten Plakate, mauerten unseren Proberaum im Stollwerk um,

indem wir Zwischendecken einzogen, auf denen die Bandmitglieder lebten, die gerade nichts anderes hatten, und wir machten Konzerte für ein paar Mark irgendwo in Jugendzentren in der Provinz und in befreundeten Kulturzentren in ganz Deutschland.
Schüchternheit war mein Grundproblem. Ich war so unsicher, dass ich kaum sprechen konnte. Ich lehnte stets an den hintersten Wänden wie ein zusammengerollter, hochkant abgestellter Teppich, der in der Mitte leicht eingeknickt war und genoss still meine aufblühenden Ideen mit innerer Verzweiflung. Meine Kontaktunfähigkeit zu Mädchen war von Sehnsucht und Verlangen befeuert, aber ich konnte vor Scham einfach überhaupt nichts tun. Immerzu spielte ich stundenlang Saxophon, um mich festzuhalten und bei den Auftritten hatte ich meine Augen geschlossen, vor allem nachdem ein Mädchen gesagt hatte, das fände sie *unheimlich einfühlsam*. Ich war sehr flaumig und weich und ganz langsam sammelten sich eigene Erfahrungen in mir an. Sie machten mich stabiler und plötzlich funktionierte irgendetwas, das vorher nicht funktioniert hatte und in mir wuchs ein ganz klein wenig Struktur. Ich ging unglaublich wolkig und naiv durchs Leben und ließ mich treiben. Hatte keinen einzigen Plan. Als die Schule endlich aus war, hatte ich nur mein unbändiges Fernweh und mein verzweifeltes Verlangen nach Liebe.

TOFUISMUS NO. 11

Tofu talks to your body and mind

Als Fünfjähriger wollte ich Türchemiker werden, weil ich es mochte, Türen in Eisenbahnzügen aufzuhalten und mein Vater, der in der Abendschule von Drogist auf Chemielaborant umgeschult hatte, eine ganz starke Bewunderung für Chemiker und alles was einen Doktortitel hatte, hegte. Als wir im letzten Schuljahr offiziell angeben sollten, was wir werden wollten, schrieb ich: »Promovierter Avon-Berater oder Dr. Dr. Irrenarzt«.

Nach den schriftlichen Abi-Prüfungen musste ich sofort weg. Weg von zu Hause und raus aus der fürchterlichen Enge eines humanistischen Gymnasiums, das vor allem die wenigen »Nicht-Oberschicht-Kinder« mit Freude gequält hatte. Mit einem Abi-Kollegen trampte ich nach Amsterdam, der Stadt, die die größte Anziehungskraft auf uns ausübte. Außerdem hatten wir gehört, dass sich am Nordseestrand Mädchen oben ohne sonnen würden. Wir beide waren nicht zu halten und saugten alles auf, was wir auf der Fahrt zu sehen bekamen und waren natürlich genauso wenig auf die Gefahren des Lebens vorbereitet wie jeder andere.

Wir verschmolzen mit Amsterdam. Oder vielmehr saugte Amsterdam uns auf. Es war so spannend, dass wir gar keine Zeit hatten, zur feierlichen Abiturübergabe zurück zu sein. Wir ließen Abi Abi sein und holten es einfach nicht ab.

Die Angehörigen meiner Generation haben als Kinder kein Ritalin bekommen, egal wie viele Probleme wir unseren Müttern und Lehren auch gemacht haben mögen. So etwas

FIDEL CASTRO TOFU FACT Die Grenzen des Wachstums und der natürlichen Ressourcen – für Kuba sind das keine Zukunftsszenarien. Seit Anfang der 1990er-Jahre haben der Zerfall der Sowjetunion und die strengen Wirtschaftsblockaden den Import von Öl, Futtermitteln, Pestiziden & Co. fast unbezahlbar gemacht. Diese Situation ist einer globalen Ressourcenverknappung sehr ähnlich. Was bedeutet das für einen Staat, der seinen Bürgern ein »Recht auf Nahrung« zusichert? Kuba muss mit geringem Einsatz an Energie und Rohstoffen gesunde, proteinreiche Lebensmittel herstellen. Die Lösung der staatlichen Planer, die relativ frei von Lobbyeinflüssen agieren: Soja! Das staatliche Hackfleisch hat inzwischen einen Sojaanteil von ca. 70 Prozent. Die Kubaner haben zahlreiche stillgelegte Milchwerke zu Sojamilchfabriken umgebaut und produzieren in großem Maßstab Sojamilch, Sojajoghurts, Sojakäse und Sojaeis. Allein zwischen 1998 und 2006 ist die jährliche Sojamilchproduktion von ca. 10 Mio. auf ca. 250 Mio. Liter gestiegen (rund 22 Liter pro Kopf). Zahlreiche staatliche vegetarische Restaurants fördern das Interesse an vegetarischer Ernährung.

gab es einfach noch nicht. Gott sei Dank. Als Aktiventspanner mussten wir in der Schule in der Ecke stehen, den Kopf zur Wand. Wir bekamen Ohrfeigen und ein paar auf die Finger beim »Schönschreiben«. Bei mir hat's wenig genutzt. Ich habe die Schrift eines Achtjährigen und kann nichts gerade zeichnen außer Tofu, denn der hat, egal von welcher Seite man es anstellt, vier Ecken, die bekomme ich mit einem Lineal hin. Graffitis sprayen klappt viel besser.

I love Tofu

Es gibt Aktionen oder Momente, die das Leben mit einem Fingerschnips verwandeln. Man verschluckt sich an einem Halsbonbon, wird von Parasiten befallen, ein Mädchen lächelt einem zu, man trampt nach Indien und kommt nicht an, man fällt vom Baum oder lernt in New York Tofu kennen. Ich stieg an der Grand Central Station aus dem Flughafenbus. Ein Winzling inmitten von riesigen Wolkenkratzern. In meinen Händen zwei Saxophone und auf meinem Rücken ein schwerer Rucksack – so stakste ich vom Bus runter in den Menschenfluss. Zum ersten Mal in meinem Leben, abgesehen von meiner Geburt, war ich augenblicklich orientierungslos. Herausgeworfen in ein grelles, emotionsloses, völlig fremdes Gewühl. Stand nur da, guckte hilflos nach rechts und dann nach links und dann nach oben. Die Menschen rannten dicht an dicht auf dem an dieser Stelle gar nicht so breiten Bürgersteig in a-rhythmischer Hektik an mir vorbei und ich war unfähig mich einzureihen, wie ein Stein in einem Fluss. Niemand kümmerte sich um mich. Nach einiger Zeit drücke ich mich in eine nicht vorhandene Lücke und ging ungeschickt ein paar Schritte in eine Richtung, drehte um und ging in die andere, wobei ich den Fluss kaum durcheinander brachte. Ich sah einen U-Bahn-Eingang und kämpfte mich hinunter, um vor einem Drehkreuz, an dem man etwas brauchte, was sich »Token« nannte, wieder umzudrehen. Meine ohnehin kaum vorhandene Sprechfähigkeit war komplett versiegt. Ich wusste nicht, in welche Richtung ich gehen sollte und konnte auch niemanden fragen. Das Universum hatte mir in diesem Augenblick etwas sehr Wichtiges gesagt. Es hatte mir klar gemacht, dass ich ein völlig unwichtiger kleiner Stinker bin und selbst mit meinem ganzen wertvollen Hab und Gut nicht mehr bin, als ein Ameisenfurz im Weltraum. Ein kurzes, unwichtiges, kleines Nichts.

Nach unendlich langer Zeit hatte ich mich schließlich müde zur Absteige durchgekämpft, die mir ein Freund vermittelt hatte. Es war ein sehr großes, billiges Hotel in der 43rd Street. Der Portier saß abgeschottet hinter einer vergilbten, mit Zetteln behängten Panzerglasscheibe. Ich verstand ihn kaum, aber nach ein wenig Papier ausfüllen und Geld unter der Scheibe durchschieben bekam ich eine Nummer hingenuschelt und ein längliches, krummes Plastikstück mit eingestanzten Löchern durchgeschoben und machte mich auf die Suche nach dem Zimmer. Nach einer halben Stunde war ich mit Gepäck wieder unten. Ich hatte es nicht gefunden. Den Portier interessierte das nicht. Er machte mir klar, dass er unter gar keinen Umständen hinter seiner Panzerglasscheibe hervorkommen würde. Meine innere Verzweiflung kannte keine Grenzen mehr. Es war eine Mischung aus Verzweiflung und Standschlaf. Ich war mit einem Freddy-Laker-Jumbo[1] nach New York gekommen, hatte schon Stunden bei der Einreise verbracht und seit noch mehr Stunden nicht geschlafen. Die Einreisebeamten hatten mich direkt nach der ersten Befragung in einen Warteraum gewunken, wo schon zwei Hippie-Portugiesen aus dem gleichen Flug-

[1] Sir Freddy Laker war quasi der erste Billigflieger, ein gefallener englischer Adliger. Er betrieb einen einzigen Jumbojet, der zwischen London und New York pendelte und vor allem Hippies transportierte. Mit seiner Geschäftsidee war er ein paar Jahre zu früh und ging nach kurzer Zeit pleite.

zeug herumhingen. Wir wurden dann von einem scharfen Spezial-Offizier verhört, der uns immer wieder warten ließ, irgendwann dann aber einfach durchwinkte, weil der Jumbo schon wieder auf dem Rückflug war und er uns nicht mehr loswurde.

Nachdem ich lange wankend vor der Glasscheibe stehen blieb, deutete der Portier schließlich mit dem Kopf zu einem Mann, der neben dem Eingang stand und zeigte mir fünf Finger. Den Mann hatte ich bisher nicht wahrgenommen. Er war schwarz, uralt und trug eine Uniform mit Schirmmütze, auf der »Security Captain« stand. Ich versuchte es mit ihm, und selbst nachdem ich ihm fünf Dollar in die Hand gedrückt hatte, wusste er nicht was ich wollte und bewegte sich unendlich langsam zu dem Portier. Sie unterhielten sich kurz und der Schwarze ging zum Aufzug. Ich grabschte meine Sachen und lief hinterher. Er würdigte mich keines Blickes und gab auch keinerlei Erklärungen ab. Wir fuhren in den obersten Stock, dann ging es über eine Metallbrücke in ein Nebenhaus und dort per Treppe wieder ein paar Stock herunter. Um eine Ecke herum machte er endlich vor einem Zimmer halt. Er klopfte zunächst sehr leise und dann etwas lauter und als sich nach einigen quälenden Minuten nichts tat, steckte er das Plastikstück in die Tür. Er öffnete sie unendlich vorsichtig und langsam, lauschte und lugte dann um die Ecke. Auf die gleiche Art öffnete er die Badezimmertür, um sich anschließend mit einem Brummen zu verabschieden. »Security Captains« wussten um die unangenehmen Überraschungen dieser Welt. Erleichtert ließ ich mich wie ich war aufs Bett fallen und schlief augenblicklich ein. Das Zimmer war stockdunkel und hatte nur ein immer düsteres Fenster zu einem schachtartigen Hinterhof. Es war mit einem großen Bett und einer monströsen Kommode möbliert. Über dem Bett hing eine Büffelherde in Öl gemalt. Die Tür zeigte Einschusslöcher, die von außen mit kleinen Metallplättchen verkleidet und dick überstrichen waren. Keiner hatte sich die Mühe gemacht, sie auch von innen zu verkleiden. Von weit her drang der Sound der New Yorker Straßen und Hinterhöfe herein. Ein komplexer Klang aus heulenden Sirenen, die sich aus vielen Richtungen gegenseitig überlagerten, immerwährendem Autohupen, fernem Rauschen, etwas näherem Rauschen, Gebrummel, ferner Musik, rhythmischem Klacken, Straßenarbeiten, Ventilen, die geöffnet wurden und Dampf ausatmeten. Ein niemals endender, immerwährender Soundteppich, der sich nicht von Tageszeiten beeindrucken ließ. Ich wachte 20 Stunden später immer noch erschöpft mitten in der Nacht auf.

Mein allabendlicher Job als Tanzmusiker in Jersey City war überschaubar bezahlt und ich fand auch keine Stelle als Privatlehrer, sodass ich wenig Geld und viel Zeit als dummer Saxophonist in NYC hatte. Manhattan versuchte mir täglich aufs Neue, meine mühsam zurückerarbeitete Orientierung zu rauben. Einmal landete ich mutterseelenallein auf der 125ten Straße, weil mich ein Musikerkollege, ein riesiger, ganz junger schwarzer Posaunist mitschleifte und dann einfach mit einem kurzen »see you later« stehen ließ. Keine Ahnung, wie ich mich wieder zurückgekämpft habe. An jeder Straßenecke konnte man die Frau seines Lebens treffen, in alle möglichen Sekten oder Gruppen eintreten, ausgeraubt und/oder umgebracht werden, super Geschäfte machen, überfahren werden oder in eine Kunstaktion geraten. Ich lungerte oft im Village in einem Kellerschuppen namens *Zen Macrobiotic Restaurant* herum, in dem es mir ein Mädchen angetan hatte. Sie kellnerte dort. Ansonsten versuchte ich, mit Straßenmusik ein paar Dollars zu machen und lernte schließlich eine Free-Jazz-Gruppe kennen, die einen wilden Saxophonisten gebrauchen konnte. Sie wurde von einem älteren Kontrabassmann namens Peter Kowald geleitet, der auch Deutscher war, was ich aber erst nach

Your Body is a Cathedral.
Don't litter it

TOFUISMUS NO. 2

TOFU FACT NO. 14 Dass wir uns auf Dauer nicht so wie heute ernähren können, wird schon lange vorausgesagt. Inzwischen holt die Realität auf, und so sorgen angeblich chinesische Schulkinder mit ihrem wachsenden Milchkonsum dafür, dass bei uns die Butter teurer wird. Ganz so einfach ist es natürlich nicht in der verwinkelten globalen Agrarindustrie. Doch an den natürlichen Grenzen des Wachstums ist nicht zu rütteln. Schon heute wird ein Drittel der weltweiten Agrarfläche für den Anbau von Futtermitteln genutzt; 25 Prozent der eisfreien Landfläche sind Weideland. Da ist nicht mehr viel Spielraum – wenn Weltbevölkerung, Fleisch- und Milchverbrauch steigen, ist die Preisexplosion garantiert. Das Worldwatch Institute hat anschauliche Zahlen dafür, wie die Ernährungsgewohnheiten und die Tragfähigkeit unseres Planeten harmonieren: Wenn alle Menschen Vegetarier wären, könnte die Erde dauerhaft 10 Mrd. Menschen ernähren. Gemäß italienischer Speisekarte wäre noch für 5,5 Mrd. Menschen Platz. Nimmt man die fleischhungrigen USA als Vorbild, dürften es nur 2,75 Mrd. sein (und bei den königlichen Fleischbayern nur max. 1 Mrd., Schätzung der Redaktion).

Wochen rausbekam, da auch er kaum sprach. Wir spielten regelmäßig in einer ehemaligen Basketballhalle in der Lower East Side. Es kamen immer Leute vorbei, um mitzumachen oder zuzuhören, an einigen Tagen spielte ich sechs Stunden hintereinander, bis ich eine durchgebissene Unterlippe hatte.

Tofu hatte es mir sofort angetan. Er war nicht zu übersehen und zu überhören. Tofu war einfach das Ding in dieser spirituellen Zeit, und dass er cholesterinfrei und rein pflanzlich war, hatte ich mir gut gemerkt, weil es groß auf einer bunten Packung stand, die ich in einem Health Food Store um die Ecke fand. Es gab im *Zen Macrobiotic* immer Reis mit Gemüse und Tofu für ein paar Dollar. Ich glühte dort tagelang herum und sagte zu dem Mädchen Sätze wie »I love Tofu«. In Ihrer Gegenwart fühlte ich mich dem Himmel näher.

Hotel Krasnapolski

Tofumacher sind verwandt mit Adlern. Sie haben sofort Überblick und Perspektive und finden schnell Kontakt zu anderen Adlern – vor allem, da es ihnen nicht darum geht, möglichst schnell viel Geld zu verdienen und untereinander Konkurrenzen auszufechten, sondern um nicht weniger als die Rettung unseres rasant zerfallenden Planeten. Aber Planeten retten kann man schlecht alleine. Deswegen besuchten wir uns regelmäßig gegenseitig und lernten dadurch sowohl viele Firmen in ganz Europa und später auch in Übersee kennen, als auch viele fremde Tofumacher, die in unsere kleine Tofurei kamen. Es ging immer darum, voneinander zu lernen. Alle waren untereinander sehr hilfsbereit. Wir zeigten sehr offenherzig und naiv sogar Konzernen wie der Vandemoortele Familie (*Alpro/Provamel*)[1] stolz unsere Siegburger Produktion. Die selbst ließen natürlich nie jemanden bei sich gucken.
Daneben gab es kleinere Welt-Rettungs-Konferenzen, die teilweise bei größeren Tofu- und Sojamilchfirmen, aber auch in Hotels stattfanden. Zu unserem ersten internationalen Soja-Treffen fuhr ich zusammen mit Gregor nach Amsterdam. Wir fühlten uns als deutsche Vertreter einer epochalen Bewegung. Im Hotel Krasnapolski versammelten sich viele Tofu- und Sojamilchpioniere aus der ganzen Welt, und da das Gerücht umging, dass Bill Shurtleff[2] höchstper-

[1] Alpro ist der größte Sojamilchhersteller in Europa und wurde inzwischen von dem amerikanischen Kuhmilchkonzern Dean Foods übernommen.

[2] Bill Shurtleff hat mit seiner Frau Akiko das Buch »The Book of Tofu« verfasst und damit in der vegetarischen Bewegung einen wichtigen frühen Impuls gesetzt und außerdem hat er zahlreiche Schriften über die kommerzielle Kleinproduktion von vegetarischen Produkten wie eben Tofu, aber auch Miso, Shoyu, Tempeh, Natto, Amazake, pflanzliche Eiscremes etc. geschrieben. Er war damit Gründungsvater und unverzichtbarer Ratgeber für zahlreiche kleine Tofu-Produktionen außerhalb Asiens.

sönlich kommen würde, war es ganz besonders voll. Gregor hatte ein »Sleep In« in einem besetzten Haus in der Nähe organisiert, da wir uns das Krasnapolski beim besten Willen nicht leisten konnten. Mit einer Gang von jungen französischen Seitan- und Tofumacherinnen übernachteten wir in einem Achtbettzimmer in direkter Nachbarschaft des Rotlichtviertels. Tagsüber lauschten wir atemlos den Vorträgen, die »Microbiological Standards for Soyfoods«, »Tofu in the European Diet – Fashion or Foodstuff« oder »Tempeh Production in moderate Climates« lauteten. Abends diskutierten wir uns auf dem Platz vor dem Krasnapolski über die besten und sichersten Methoden, die Welt mit vegetarischen Produkten zu überschwemmen, die Köpfe heiß. Ein überaus temperamentvoller Franzose gab den Ton an und rief, er sei sich absolut sicher, dass in spätestens zehn Jahren Tofu, Sojamilch und selbst Tempeh in jedem europäischen Supermarkt zu bekommen seien. Er wurde schnell zum informellen Boss der europäischen Tofubranche und er sollte Recht behalten. Er hatte sich nur um 15 Jahre verschätzt. Ein Jahr später fand die Konferenz dann in Boulder/Colorado bei *Whitewave*, einer damals schon relativ großen amerikanischen Tofufirma statt. Der Organisator versprach, das Ganze, wie er es nannte, »amsterdammisch« aufzuziehen, was ihm nicht so ganz gelang. Es gab in Boulder weder Coffeshops noch Straßenmusiker oder Rotlichtviertel und deshalb waren auch viel weniger Teilnehmer, vor allem viel weniger Amerikaner gekommen als ein Jahr zuvor. Die Besucher stapften durch die *Whitewave*-Produktion und bewunderten die großen Maschinen und die Lkws vor der Tür. In der Ferne sah man die Bergkämme der Rocky Mountains. *Whitewave* sollte 25 Jahre später die größte Sojamilchfirma der Welt mit einem Milliarden-Umsatz werden. Die Firma baute mit »Silk« eine enorm erfolgreiche und bekannte Sojamilchmarke auf und wurde schließlich von einem sehr großen Food-Konzern übernommen. Dieser machte den Gründer erst zu einem der reichsten Männer Colorados und schmiss ihn schließlich raus, als sie die Mehrheit in der Tasche hatten. »You are great, you are fired«, oder wie es im Internet hieß: »Mr. Silk has been scalped.« Skalpiert, aber immerhin der einzige Tofumacher, der jemals reich und berühmt geworden ist.

Ganz schwere Worte. Das Jürgen-Soundso-Syndrom

Dr. Jürgen Soundso war ein routinierter Besitzmarkierer. Er nahm seinen Kuli aus dem Jackett und legte ihn parallel neben das Redemanuskript vor sich aufs Pult. Er hat ein paar Immobilien und ist vielleicht Vorsitzender des örtlichen Haus- und Grundbesitzer-Vereins und sicher Platzhirsch sämtlicher Stammtische in seinem Heimatort. Am Pool reserviert er am Morgen als Erster eine Liege mit seinem sauberen Handtuch. Zur Sicherheit legt er noch seinen Kuli drauf. Sicherheit ist ihm wichtig, er schließt immer doppelt ab. Sein Lieblingslob lautet: zuverlässig. Zuverlässigkeit ist das Größte was man seiner Meinung nach im Leben erreichen kann, so weit kann der Schmerz einen treiben. Endlich, ja endlich war mal klar, wer hier was zu sagen hatte. Er spannte seine Schultern und hielt eine bahnbrechende Rede im Deutschen Bundestag. Mutig ging er das Hauptproblem der Menschheit an sich und Deutschlands im Besonderen an. Es ging nicht um fehlende Jobs oder den Irak-Krieg, auch nicht um unsere ureigenste Spezialität der diskriminierenden und endgültigen Einteilung von zehnjährigen Kindern in Oberschule, Mittelschule und Unterschule (Ausländer- und Unterschichtkinder kommen bündig dahin, wo sie hingehören). Es ging um ein ganz schwieriges und so gefährliches Wort, dass er es vor Schaudern kaum aussprechen konnte. Es ging diesmal nicht um Tofu. Das Wort hieß »Graffiti«. Er wechselte im Laufe seiner

Rede in das schlichtere »Schmierereien«, die seiner Meinung nach nicht nur Milliarden kosteten, sondern dazu noch unsere beschützenswerte Jugend verrohten. Er musste persönlich handeln und regte sich in einer Art Heinz-Schenk-Dialekt auf. Dies sei auch keine bloße Meinungsäußerung, er habe das alles persönlich mit seinen Parteikollegen wissenschaftlich untersucht. Ein Missstand, der dringend und endlich für immer beseitigt werden sollte. Da mussten sofort Gesetze her. Er nannte es immer wieder hymnisch das »Gesetz zur Graffitibekämpfung«. Jedes Mal, wenn er den Gesetzesnamen nannte, hob er an und stellte sich auf die Zehenspitzen. Dass Deutschland kaum mehr Jungendliche hat und dass es deshalb nicht besonders schlau sein kann, diese zu bekämpfen und staatliche Gesetze gegen ihre Kreativität zu machen, sagte er nicht. Er wusste es vermutlich nicht einmal. Keine Ahnung, zu welcher Partei er gehörte. Bei den Grünen war er jedenfalls nicht, denn die waren in der Debatte durch einen kleinen dicken Mann im Anzug vertreten, der aussah und sprach wie der 70er-Jahre-Komiker Mircea Krishan. Der Grüne mit Bauch hieß Montag, war zwar viel sympathischer, aber genau der gleichen Meinung wie Jürgen Soundso. Heinz Schenk und Mircea Krishan waren nicht nur einer Meinung, sie huldigten den gleichen steifen Vorstellungen. Auch die Kollegen aus den anderen Fraktionen überschlugen sich in ihrer Empörung und das neue super-super-superscharfe Gesetz passierte mit großer Mehrheit den Bundestag. Eine weitere Verkrampfung – oder besser gesagt eine weitere Rundumverkrampfung –, für die unsere Gesetzgebung so bekannt ist. Ab dem Ende des Jahres 2005 war und ist Deutschland damit endlich und für immer garantiert völlig graffitibekämpft. Wir haben ratz-fatz mal wieder eine Kunstform verboten. Ich empfehle ein Kombinationsgesetz mit Namen »Tofugraffitikomplettverbietung«, damit könnten mehrere Fliegen mit einem Aktenordner erschlagen werden. Und wer dennoch sprüht, oder Tofu macht, kommt

sofort ins Gefängnis und wird dort von allen Bundestagsabgeordneten gemeinsam erschossen, um anschließend den Hausbesitzern zur Leichenfledderung überlassen zu werden. Kurzum, ich mischte mich zum ersten Mal in meinem Leben politisch ein und schrieb einen kraftvollen Brief an die Graffiti-Angsthasen aller Parteien. Ich teilte ihnen mit, dass ich viele gute Projekte, Aktionen und erfolgreiche Firmen kennen würde, die von Graffiti-Sprühern gegründet wurden und dass es nicht so klug sei, eine Kunstform einfach zu verbieten, besonders wenn sie von jungen Leuten ausgeübt wird, deren Kreativität wir in der Zukunft brauchen. Denn wir benötigten schließlich »Köpfe« und keine »Mitläufer« und so weiter. Ich schrieb ihnen auch ganz ehrlich, ich selbst sei schließlich nur ein überschaubar schlechter Mensch geworden und kein böser Steuerhinterzieher oder christlicher Waffenlobbyist – natürlich nur in meinem Kopf und nicht auf dem Papier. Der eigentliche Grund für mein Schreiben war, dass ich auf meine Vergangenheit als Street Artist ganz schön stolz bin und die Politik mal wieder einen Anschlag auf meine Person verübt hatte. Immerhin hat mir die Sprüherei einen würdigen Eintrag im erlauchten »Deutschen Graffiti Lexikon« und eine Erwähnung in dem Buch »Cologne Graffiti« eingebracht und noch heute gibt es Tiere auf Kölner Häuserwänden, die von mir stammen.
Ich bekam nur eine einzige, sehr schlichte Antwort von der SPD-Fraktion. Jemand teilte mir kommentarlos mit, mein Brief sei angekommen.
Jürgen Soundso selbst hat mich mit seiner Nichtantwort gelehrt, dass es sehr schwer ist, Menschen, die in kleinen Kästchen mit versteiften Vorstellungen leben, zu erreichen. Dr. Jürgen und seine Kollegen sind personifizierte Hilferufe. Sie wollen so gerne nur ein einziges Mal in maßlos bunte Formen und Farben getaucht werden. Ihr Gesetz sagt nichts weiter als: »Wir sehnen uns so sehr nach ein bisschen Farbe in unserem Leben, aber wir haben gleichzeitig unendlich

viel Angst davor, deswegen gehen wir aggressiv gegen alles vor, was anders ist als wir oder uns zumindest anders vorkommt.«

Der farblose Teil von Dr. Jürgen hätte mich gekillt, wenn er mich Mitte der 1980er zu fassen gekriegt hätte. Mindestens ein Mal pro Woche zog ich nachts los. Ich benutzte Schablonen, weil das Sprühen dann einfacher und schneller war, außerdem mochte ich die Vorstellung, dass dasselbe Motiv an vielen Stellen gleichzeitig auftauchte. Auf die Graffiti-Sache brachte mich ein Amerikaner, der ein paar Tage in unserem Proberaum im Stollwerk übernachtete. Er zog in einem langen dunklen Trenchcoat, unter dem er einen Quast und einen schwarzen Farbeimer verbarg, jede Nacht los und strich mit wenigen kraftvollen, breiten Bahnen schwarze Männer an Häuserwände. Nach ein paar Tagen reiste er weiter in eine andere Stadt. Einer der Stollwerker sprühte neben jeden der schwarzen Männer eine rote Frau. Ich spezialisierte mich auf Tiere, die ich immer in derselben Höhe auf Häuserwände sprühte. Gemeinsam mit vielen anderen Stollwerkern machte ich mich daran, den abgewrackten Planeten Köln etwas bunter zu gestalten. So unwahrscheinlich das auch klingen mag, sprühen entspannte mich und gab mir Kraft für meine zahlreichen anderen Aktivitäten. Quasi ein nächtliches Workout für Aktiventspanner.

> Tofu is easy on the only world we have
>
> **TOFUISMUS NO. 30**

Eines meiner größten Projekte war ein Walfisch. Meist zog ich alleine los, aber eines Nachts war meine Freundin dabei. Wir kamen gut voran und hatten uns bereits von der Ehrenstraße bis zum Neumarkt vorgearbeitet. Sie musste und wollte auch selbst sprühen und setzte die große Schablone direkt unter einem beleuchteten Nachtresor der Kreissparkasse an, als geradewegs ein Polizeiwagen um die Ecke bog. Ich hielt Wache und die Polizisten sahen mich direkt an. Wie von der Tarantel gestochen schossen wir die Straße hoch, schmissen Sprühdosen und Schablonen unter parkende Autos und hatten doch keine Chance gegen die Bullen, die Vollgas gaben, uns mit Blaulicht überholten und auf dem Bürgersteig den Weg abschnitten. Sie sprangen mit gezogenen Schusswaffen aus dem Auto, warfen uns auf die Motorhaube und nahmen uns fest. Einer hielt uns beide in Schach und der andere bückte sich nach den Sachen, die wir von uns geworfen hatten. Anschließend mussten wir klassisch verhaftet auf der Rückbank Platz nehmen und auf der Suche nach weiteren Walen durch das ganze Viertel fahren. Etwa 10 bis 12 fanden sie (wir hatten ca. 30 gesprüht). Außerdem hielten sie bei jedem größeren Graffiti an und fragten einschmeichelnd kumpelig: »Das wart Ihr doch?!« Als wir stumm die Köpfe schüttelten, kam von vorne ein schärferes: »Gebt es doch zu, wir kriegen es eh raus!« Sie brachten uns auf die Hauptwache und wir wurden getrennt voneinander verhört. Erst am nächsten Morgen ließen sie uns nach Hause gehen. Alle Hausbesitzer wurden angeschrieben und so bekam ich zahlreiche Anzeigen, was mich nervös machte. Irgendwoher kriegte meine Freundin einen Tipp und wir gingen zu einer Rechtsanwältin, die gerade mit einem Kollegen ihre erste Kanzlei aufgemacht hatte. Sie leitete uns mit den Worten »hier ist was für dich« an ihn weiter. Rechtsanwalt R., ein gemütlicher und sehr kräftiger Bartträger, hörte sich unsere wirre, verzweifelte Geschichte milde lächelnd an und meinte anschließend mit bemerkenswertem Samt in der Stimme: »Keine Sorge, das kriegen wir plattgeklopft.« Er versuchte erfolgreich, einen aufmunternden Ton in seine Stimme zu schmuggeln und verhandelte mit den Hausbesitzern. R. erreichte mit seiner Pflasterverhandlungsstrategie, dass sie ihre Anzeigen zurückzogen. Nur eine Galerie namens Wiegand war etwas sperriger, und ganz und gar nicht kompromissbereit war die Kreissparkasse. Sie beharrte auf einem Schadensersatz und vollständiger fachmännischer Wiederherstellung der Marmorfassade. Außerdem bestand sie darauf, dass ich höchstpersönlich nach Canossa käme, um die Summe direkt beim Vorstandsvorsitzenden abzugeben.

Ausgestattet mit einem Scheck, den R. bei irgendwelchen Kunstfreunden aufgetrieben hatte, marschierte ich geradewegs zum Neumarkt. Im Vorstandswartezimmer saßen bereits eine ganze Menge Herren herum. Sie hatten schnieke Anzüge an, stützten sich auf schwarze Aktentaschen und taten bei meinem Anblick so, als sei es völlig normal, dass sich einer mit leuchtend buntem Irokesenschnitt zu ihnen setzte. Ihnen war auf Anhieb klar, dass jemand, der so etwas seinen Haaren antun konnte, zu allem fähig war. Ihre einzige Überlebenschance bestand darin, so zu tun als sei alles in Ordnung und zu hoffen, dass mein zu erwartender Amoklauf den Nebenmann treffen würde. Sie wagten nicht einmal sich gegenseitig anzugucken und heimlich den Kopf über mich zu schütteln. Alle starrten pausenlos auf ihre Schuhe, auf denen sie etwas hoch Interessantes entdeckt zu haben schienen, das sich jederzeit in Luft auflösen konnte. Ich schloss die Augen und bereitete mich auf eine längere Wartezeit vor. Das Geschehen in und um das Wartezimmer drang sofort in mich ein. Mein 360°-Modus sprang an. Geräusche, Gerüche und Gefühle durchstießen meine Außenhaut. Die Aktentaschenmänner waren unruhig und ängstlich. Sie würden bald zu einer Audienz bei einem Mächtigeren vorgelassen, der ihr Anliegen verändern, beurteilen, vielleicht gar zerstören konnte. Die Ungewissheit machte sie ganz kirre und sie mussten sich ständig räuspern oder umsetzen. Urplötzlich flog die Tür auf und augenblicklich nahmen sie allesamt wie zu Tode erschrockene Schüler Haltung an. Eine ältere, mit einer schrecklichen Überdosis 4711 parfümierte Dame steuerte mit einem vorwurfsvollen Todesblick geradewegs auf mich zu. Ihr Haarschopf wirkte, als sei er in seinem früheren Leben der Schwanz eines Rauhaardackels gewesen oder genauer gesagt der grauweiße Schwanz des Stinktiers aus der Fernsehserie »Daktari«. Sie steuerte auf *mich* zu und auf keinen der Anderen. Der Aktentaschenmann, der eigentlich als nächster dran gewesen wäre, ließ sich in einem Klapp nach vorne kippen, faltete die Hände und schaute frustriert zur Seite. Auch das noch! »Ich war dran«, grummelte er. Er war entrüstet und konnte sich nur schwer im Zaum halten. Wie konnte die Welt nur so in Unordnung geraten. Ich erhob mich sofort und lief der Frau hinterher, die auf die gequengelten Vorhaltungen des Mannes nicht reagierte. Ich spürte in meinem Rücken seinen Angriffsblick. 4711 hatte keine Mütze an, auf der »Feldjäger« stand, aber sie führte mich trotzdem sehenswert schneidig zu einer dicken offenen Tür in einen gänzlich holzvertäfelten Raum. Ein alter, großer, kraftloser Mann, kam auf mich zu. Er war nervlich nicht in der Lage, sich länger aufhalten zu lassen, nur nicht reingehen in das Büro, draußen geht es zügiger, er wollte überhaupt nicht, dass ich reinkam in sein Leben. Jede Störung, jede Verzögerung war schmerzhaft und fuhr in seinen großen, zusammengefallenen Körper. Er musste mich so schnell wie möglich wieder loswerden. Sein Tonfall und seine Haltung waren die eines Mannes, der schmerzhaft um Vernunft bemüht ist, aber gleichzeitig für alle erkennbar keinerlei Verständnis für mich, meine Taten und mein katastrophales Punk-Äußeres hatte: Ein Außerirdischer hatte rätselhaft Farbiges unter seinen Nachtresor gesprüht und wenn er ihn jetzt nicht schell abfertigte, würde der nachher noch wer weiß was anstellen. Seine pathologische Gefährlichkeit stand dummdreist in Form seines stacheligen Haares von ihm ab, das zu behaupten schien: Ich gehe wohin und wie weit ich will. Und dann legt dieses lächerliche Individuum auch noch einen Scheck vor, auf dem als Absender Kölner Kunstverein steht. Weg! Einfach nur weg mit ihm, bevor ein Unglück geschieht. Wie konnte die Welt nur so in Unordnung geraten. »Haben Sie vor, das noch mal zu machen?« Seine Frage duldete nur eine Antwort. Okay, ich hätte eine Gegenfrage stellen können, zum Beispiel, ob er Ahnung von Graffitis hat

TOFU FACT NO. 13 Das Futter der »Nutztiere« gehörte schon vor der Verbreitung der Gentechnik zu den eher unappetitlichen Themen. Alle denkbaren Nebenprodukte der Lebensmittelindustrie werden zu Rohstoffen für die Tierfutterherstellung deklariert. Dadurch entfallen die Kosten für die Abfallentsorgung. Über Zustand, Geschmack und Geruch muss man sich nicht viele Gedanken machen – schließlich haben die »Nutztiere« kaum eine Wahlmöglichkeit. Wem das im Prinzip noch egal ist, dem wird spätestens dann mulmig, wenn er den weiteren Weg der abenteuerlichen Mixturen nachvollzieht. Denn der Umweg über den Organismus des Tiers ist nur ein kurzer Zwischenstopp, bevor das Gemisch als Fleisch, Milch oder Ei doch wieder auf dem Teller der menschlichen Verbraucher landet. Bei den rein pflanzlichen Fleisch- und Milchalternativen von Viana ist das alles kein Thema. Die werden unmittelbar aus hochwertigen, bio-zertifizierten Rohstoffen wie Sojabohnen, Weizen und Gemüse hergestellt.

oder was für Street Art ihm denn gefällt oder ob er Tofu kennt. Sein Blick war gekennzeichnet von den stundenlangen Sitzungen, die er hinter sich gebracht hatte, eine Zwickmühle nach der anderen. Ich hatte für diesen einen kurzen Moment Gewalt über ihn. Einen klitzekleinen Moment seines Wartens auf meine Worte. Wenn ich den Augenblick besser genutzt hätte, hätten wir Freunde fürs Leben werden können. Der Überdosis 4711 neben uns dauerte es entschieden zu lange und sie setze mit einer bissigen Schnappatmung ein. Nicht nur das, sie klatschte rhythmisch den Umschlag mit dem Scheck, den sie mir sofort entrissen hatte, auf eine ihrer Fäuste. Die Frau hatte Pfeffer im Arsch, im Kampf um Leben und Tod hätten sich unsere Frisuren verkeilt und sie hätte mich niederträchtig mit Parfüm übergossen und angezündet oder irgendein gemeines Gesetzespapier an meinen Kopf getackert. Meine Gedanken schweiften ab. In stressigen Situationen wurde ich ganz ruhig. Ich dachte an meine eigene Rundumatmung, das Gegenteil von ihrem klackenden Gehechele, die ich just gelernt hatte und die mich in die Lage versetzte, einen Saxophonton so lange ich wollte aufrechtzuerhalten. Ich konnte blasen und gleichzeitig einatmen, um einen Ton bis in die Unendlichkeit zu verlängern. Sie packte mich ruckhaft am Arm und ich zog ihn sofort weg. »Loslassen!«, schrie ich. »Wir haben Sie was gefragt.« Sie überidentifizierte sich mit ihrem Chef, er hatte gefragt und nicht sie. Beide wurden wütend. Der Sparkassendirektor stand kurz davor, mir Gewalt anzutun. Er zitterte vor Wut, schließlich war sein Vernichtungsfeldzug, den er logischerweise finanziell angelegt hatte, ins Leere gelaufen. »Antworten Sie!«, brüllte er. »Sofort!« Er verlor endgültig die Nerven. Meine kurze stumme Kopfbewegung, die als widerspenstiges Nein ausgelegt werden konnte, beendete die Begegnung. »Pah, Kunstverein«, stöhnte er noch hinterher. »Das soll Kunst sein? Das ist Schmiererei! Das ist Dreck!« Er blieb zurück. Seine kaum vorhandenen Haare, die er eigentlich raffiniert von hinten nach vorne gekämmt hatte, damit es so aussah, als wären sie von vorne nach hinten gekämmt, waren schlimm durcheinandergeraten, ganz so als hätten sie die Kurzdiskussion ernsthaft beschädigt. Sie sahen jetzt wie das Ergebnis einer Gewalttat aus. 4711 führte mich wie nach einer sehr schweren Arbeit zurück zu den entrüsteten Aktentaschen, die demonstrativ und unangenehm berührt an mir vorbei guckten. Ich hatte sie alle überholt. Wir gingen zur Treppe und ich schritt dann alleine ganz langsam runter. Der Mann, der eigentlich dran gewesen wäre, hatte die Gelegenheit genutzt, sich mitten in den Warteraum zu stellen und seine Tasche heftig hin und her zu schwenken. Noch mal würde ihm das nicht passieren. Jetzt kam er hinter der 4711-Frau her, blieb neben ihr am Treppenabsatz stehen und rief: »Pass in der Schule besser auf.« Eine üble Beleidigung, schließlich war ich schon lange raus aus der Schule und ich machte ohne mich umzudrehen ein Zeichen mit beiden Händen, das die Gang meines 15-jährigen Sohnes heute »Doppelwixxer« nennen würde. Alles, was er in diesem Leben begehrte, war nicht zu erreichen. Er kam nicht mal dran, wenn er an der Reihe war.

»Hier kriegen sie mit diesen Haaren überhaupt keinen einzigen Pfennig«, legte er nach, weil ich immer noch nicht reagierte, sondern langsam weiter runter ging und weil er vermutlich dachte, ich hätte dasselbe in der Bank gewollt wie er. Man kann sagen, was man will, aber ab und zu hilft ein bisschen frische Farbe im Haar.
Aufatmen war angesagt. Ich war erleichtert, endlich draußen zu sein und dachte an den wütenden, alten, entkräfteten Vorstandsmann mit der für heute endgültig ruinierten Frisur. Es ist kein leichter Job, der Chef einer Einfamilienvilla, einer Bank und einer Überdosis 4711 zu sein. Wer wird da nicht zum röhrenden Zwölfender. In derselben Nacht sprühte ich meinen kleinen Hund mit dem bunten Auge unter seinen Nachttresor, und weil ich so erleichtert war, gleich noch ein paar weitere in der Umgebung.
Nach dieser Aktion wurde Rechtsanwalt R. unser Tofuanwalt. Soweit ich mich erinnern kann, schrieb er nie irgendwelche Rechnungen und wurde ein sehr guter Begleiter in den Untiefen des Tofumacherlebens. Er vermittelte uns Kontakte und mit seiner Hilfe machten wir sogar für eine unserer späteren GmbHs ein Konto bei der erlauchten *Deutschen Bank* auf. Er war sich als großer Optimist vorher absolut sicher, wir bekämen einen generösen Kredit, und hinterher waren wir immerhin froh über eine relativ »schöne« Kontonummer. Kredit gab's keinen. Mal wieder.

Tofu wird verhaftet

Das Deutschland der 1980er wertete Tofu als Umsturzversuch und verlor die Fassung. Was die 68er, die schlimmen Terroristen und das immerwährende Böse bis dato nicht geschafft hatten, Tofu drohte die furchterregende komplette Deutschlandumschmeißung zu gelingen. Die gefährlichste und tödlichste Waffe, die wir neben der Atomkraft und der

Pfälzer Leberwurst entwickelt haben, wurde frontal auf uns tapfere Tofumacher abgefeuert. Nämlich die unglaublich ausgetüftelte und supergefährliche Kleinstkariertheit in Form des deutschen Beamten. Nachdem es bereits viele Jahre Tofu gab, kam auch endlich diese aufmerksame Berufsgruppe dahinter und sofort war sowohl der Verkauf als auch die Herstellung verboten und Tofu wie auch seine Macher wurden umzingelt. Lebensmittelgesetze sind schließlich Lobbygesetze.
Das Einzige was deutschen Beamten und Politikern ein bisschen Auftrieb gibt, ist die goldige Vorstellung, alles sei irgendwo einzusortieren. Die Unnachahmlichkeit dieses schlichten Lebensmittels machte sie total fertig und sie erklärten Tofu den Krieg. Wir sind nun mal ein Volk des messerscharfen »Entweder Oders« und ertragen kein »Sowohl als auch«. Mischen können wir nicht, alles müssen wir einstufen, jedem Menschen und jedem Ding seinen Rang zuweisen. Jede Woche bekamen wir eine neue Verbotsverfügung aus allen möglichen Landesteilen ins Haus. Tofu war als Schwerverbrecher enttarnt und hatte gegen zahlreiche Gesetze verstoßen. Besonders kriminell war seine weiße Farbe. Damit nämlich war er nach Meinung kundiger Beamter ein »Milchimitat« und gesetzwidrig. Unsere Biokunden waren ja durchaus für ihren etwas irrationalen Umgang mit Lebensmitteln bekannt, aber keiner von ihnen hatte je versucht, Tofu zu trinken. Die Beamten aber drehten völlig durch und Tofu machte sie ganz kirre. Sie waren so verwirrt und panisch in ihrer Angst vor jedweder Veränderung, dass keiner von ihnen in der Lage war, vier Buchstaben richtig aneinanderzureihen. In den ganzen Jahren bekamen wir keine Schreiben, in denen Tofu richtig geschrieben war. Für Beamte sind bei Tofu entschieden zu wenig Konsonanten an Bord. In den Verbotsbriefen war stets die Rede von Frau Müllermetzgers »Torfu« oder aber sie untersagten wahlweise auch sehr gerne Tufo, Tuffo, Toffu, Tofo, Tortuffo, oder auch Tartuffo. Das sei doch eine so herrlich leckere Sal-

Beam me up Scotty – 250 soybeans want to be converted into one piece of tofu

TOFUISMUS NO. 27

monellenquelle, schrieb ich an den Tartuffo-Beamten. Die italienische Salmonellenquelle wolle er ja auch gar nicht untersagen, schrieb er zurück, verboten sei ausschließlich das Tartuffo, das wir herstellten! Jetzt wussten wir Bescheid. Die Salmonellen waren erleichtert und fuhren fort Menschen zu töten und krank zu machen. Salmonellen hassen Pflanzenkost genauso wie Beamte, denn sie können nur in tierischen Lebensmitteln leben. Neben dem Vorwurf »Milchimitat« gab es ein schmuckes Gesetz namens LmBG, ausgeschrieben »Lebensmittel- und Bedarfsgegenstände-Gesetz«, das Tofu zwar überhaupt nicht kannte, aber nach Meinung der Staatsmacht gerade deswegen ja auch nicht erlaube.

Ein königlich-bayerischer Fleisch-Beamter holte schließlich zum ganz entscheidenden Schlag aus. Er erkannte, dass nicht nur Tofu, sondern das mindestens genauso gefährliche »Nigari«, das wir als aufrecht ambitionierte Tofumacher benutzten, strengstens verboten werden müsse. Und da wir eben nur jenes Nigari – die japanische Bezeichnung für natürliches, völlig harmloses Magnesiumchlorid, das durch Trocknung aus dem Meer gewonnen wird – zur Gerinnung verwendeten, die man ja beamtentechnisch auch Fällung nennen kann, verbot er uns kurzerhand mit Fristsetzung die »Niagara Fälle«. Wir antworteten, die Niagarafälle zu verbieten, habe unserer Meinung nach durchaus etwas Irrationales und die Natur in Amerika könne etwas dagegen haben, aber einmal losgetreten nahm der Vorgang gnadenlos seinen bürokratischen Lauf. Deutsche Beamte und deutsche Politiker können Tofu nun mal nicht ausstehen und Tofumacher noch weniger und es gilt der alte Fleischbeamten-Grundsatz: »Schieß erst – frag später«. Genau deswegen führte der Niagara-Fälle-Verbots-Fall schließlich zu einer

Polizei-Razzia mit GSG-9-Tofurei-Umzingelung, die in einer so atemberaubenden Geschwindigkeit durchgeführt wurde, als wäre die Staatsmacht mit einer Rakete im Vorgarten gelandet. Zwei Streifenwagen mit Sirene und Blaulicht kreisten unsere kleine Tofurei ein und mehrere Polizisten stürmten bewaffnet herein, während wir mitten im Dampf in der Produktion steckten. Der mitgekommene Staatsanwalt versuchte auf den gefährlichen japanischen Nigari-Säcken irgendetwas zu entziffern und die unerschrockensten unter den Polizisten beschlagnahmten schließlich sieben Säcke. Warum genau sieben hat sich nie geklärt. Wir hatten gerade eine ganze Palette bekommen und sie hätten damit alle Bullenwagen bis unters Dach beladen können. Außerdem schauten sie sich etwas verwirrt unter den Büschen in den Nachbargärten nach weiteren Terroristen um und verplombten umgehend nicht nur die Produktionsräume, sondern übergaben uns auch noch ein Schreiben, das uns aussperrte und für Zuwiderhandlungen alles Mögliche androhte. Wir fragten sie, was denn nun eigentlich ganz genau verboten sei, aber keiner konnte uns das sagen. Das würden wir schon noch von einer anderen Dienstelle erfahren. Von welcher wussten sie auch nicht so genau, aber es würde noch so Einiges auf uns zukommen, drohten sie. Tofu hatte sie verstört und es gibt nun mal nichts Nervöseres und Gefährlicheres als verwirrte, bewaffnete Beamte. Der Staatsanwalt musste noch etwas ganz Wichtiges aufschreiben, hockte sich auf einen Klappstuhl und sprang wie der Blitz auf, als er fertig war, gerade so als wäre sein Sitzplatz vermint. Sie brausten allesamt wieder ab. Feierabend. Der Einsatz hatte eine atemberaubende Dynamik. Nachdem sich unsere Verblüffung gelegt hatte, machten wir einfach weiter. Schließlich hatten wir ja bereits die Sojabohnen für

TOFUISMUS NO. 20

Ess Tofu, denn das was du in dein Leben reintust, kriegst du auch wieder raus den nächsten Tag eingeweicht und außerdem müssen selbst ausgesperrte Tofumacher Tofu machen. Dazu stiegen wir von hinten übers Grundstück. András beschoss Strollsch mit dem Hochdruckreiniger, ich kletterte über den Zaun und machte die versiegelte Tür von innen auf. Die Staatsanwaltschaft war übrigens witzigerweise die gleiche, die Jahre später bei dem Fünf-Millionen-Helmut-Kohl-geheimen-Schwarzgeld-Bestechungs-Fall feststellte, das sei schon OK so und könne schließlich jedem Bundeskanzler mal passieren. Immerhin hat der Helmut ja auch keinen Tofu gemacht, sonst säße er heute noch ein. Helmut übrigens, unser wirklich empathische, Sympathieträger, erklärte einst bei einem Gala-Dinner dem konsternierten Tierschützerpaar Linda und Paul McCartney, das mit den Tieren auf seinem Teller sei gar kein Problem und schließlich auch nicht seine Schuld, die seien ja schon tot.

Auf der nachts einberufenen Krisensitzung präsentierte uns Gregor seine Idee, ein wissenschaftliches Gutachten über die Verwendung von Nigari anfertigen zu lassen. Irgendwo trieb er Dr. Rer. Nat. Wolfgang Pöhlert auf, der ein fettes 80-seitiges Papier schrieb mit dem Titel: *Gutachten zur Frage der Zulässigkeit der Verwendung von Magnesiumchlorid (auch genannt Nigari) bei der Herstellung von »Tofu« (ostasiatischen Sojaeiweisserzeugnis).* Er konnte Tofu richtig schreiben, wendete Nigari hin und her und kam im Laufe seiner Arbeit auf den Trichter, Nigari (Magnesiumchlorid) als technischen Hilfsstoff einzugruppieren. Das sind Stoffe, die einen Lebensmittel-Herstellungsprozess begleiten, aber nur in geringen Spuren im Endprodukt nachzuweisen sind und deswegen nicht auf der Packung deklariert werden müssen. Ein typischer technischer Hilfsstoff laut Lebensmittelgesetz ist der Schlachtabfall Gelatine der z. B. dafür benutzt wird, um Wein zu klären. Gelatine steht aber mit Bedacht auf keinem Etikett eines Spitzenweines. Der Gesetzgeber will schließlich keine Weinkenner irritieren, und man muss ja als Connaisseur auch nicht alles wissen und

wo bitte soll man die ganzen Schlachtabfälle denn sonst loswerden?
Nach vier Monaten war das Gutachten fertig. Wir bekamen ein Schreiben, in dem die Staatsanwaltschaft umgehend ein Gegengutachten ankündigte. Dr. Rer. Nat. Wolfgang Pöhlert schrieb seine Rechnung und *Soyastern* war das erste Mal pleite.

Nichtsdestotrotz blieben Tofu und Sojamilch in Deutschland selbstverständlich total verboten. Unsere Lobby-Politiker und -Beamte konnten und können in ihrer tiefen Sehnsucht nach Selbstblockade und Diskriminierung keine vegetarischen Produkte ertragen und noch viel weniger Leute, die anders sind als andere, die aktiv sind, die etwas »machen«. Denn nur wer macht, kann auch verändern. Eine derart lustige und weitblickende Gesetzgebung brachte kein anderes Land auf der Welt zu Stande. Wir sind ein »krank in der Birne Volk«. Der zur Begründung am liebsten angeführte Paragraf hatte den Namen »§ 36 Milchgesetz«. Ab Mitte der 1980er-Jahre forderte die Europäische Union Deutschland regelmäßig auf, Tofu und Sojamilch umgehend zuzulassen, und da überhaupt nichts geschah, gab es schließlich eine Klage der EU vor dem Europäischen Gerichtshof in Straßburg. Das Gerichtsverfahren verloren die deutschen Fleischlobbybeamten und Fleischpolitiker haushoch, und so konnten tatsächlich ab 1989 Tofu und Sojamilchprodukte in Deutschland einigermaßen straffrei verkauft und ab und zu sogar verzehrt werden. Wir wären wegen dieser Sache fast aus der EU geflogen. Dem damaligen Landwirtschaftsminister Ignaz Kiechle, einem Spezialisten der CSU (ausgeschrieben: Cholesterin und Schlachtabfall Union), gelang das Kunststück, die Zulassung der Herstellung allerdings endlos zu verschleppen, vermutlich bis zum heutigen Tag. Und die Sache ist so ungeheuer peinlich, dass sie schon damals verschleiert werden musste. Wie man überhaupt ein unschuldiges Nahrungsmittel straffrei essen und verkaufen soll, dessen Herstellung nicht erlaubt ist, ist keine Frage, die man Offiziellen stellen sollte. Wir haben das unvorsichtiger Weise getan und die Antwort war niederschmetternd und in ihrer Logik absolut überzeugend: Die Fleischbeamten sagten uns »das müssen Sie den Gesetzgeber fragen«. Die Deutschlandtofuverbietung ist eine der prächtigsten Monumentalblamagen, die wir uns je geleistet haben, neben dem Zwei zu Drei in Córdoba gegen Österreich. Es gibt eine amerikanische Doktorarbeit, die sich mit dieser herzhaften Absurdität beschäftigt. Uns Tofumacher kümmerte damals das Ganze ohnehin nicht mehr sonderlich. Deutsche Gesetzte sind kleinstkarierter, gewalttätiger Schwachsinn, gemacht um die Großindustrie zu schützen und um unser aller Umwelt, Gesundheit und Psyche gründlich zu zerstören. Sie sind fast immer superdämlich und getragen von der tiefen Sehnsucht nach Ausgrenzung und diskriminierender Abstempelung, gemacht mit Hochmut. Tonnenweise überflüssige Verbote. Wir müssen offensichtlich aus Angst einteilen, kainsmalen, brandmarken und fangen schon mit der Geburt an, Gewinner und Verlierer zu produzieren. Man darf nie den Fehler machen, Politiker und Beamte ernst zu nehmen. Es ist ein bisschen wie mit Elefantenscheiße, die muss man abwaschen und kann sie als Dünger für sein eigenes Leben verwenden. Als Tofumacher steht man direkt unter dem riesigen Deutschland-Politik-Bürokratie-Arschloch eines Elefanten und da kommt so einiges raus, glauben Sie mir, und es ist alles andere als schnell vorbei. Haben Sie schon mal gesehen, wie viel da rauskommt? Deutschland ist ein Riesenelefant mit einem gigantischen Stoffwechsel. Das Leben gibt sie uns, Elefantenscheiße ist super. Gebt mir

ELEPHANT SHIT TOFUISMUS

Bureaucracy is your fertilizer

Vor dem Tofugesetz
sind alle gleich

TOFUISMUS NO. 49

mehr! Abwaschen und einbuddeln. Dünger fürs Leben. Wir Tofumacher brauchen jedes Tief.
Unser Land versinkt übrigens weniger in Elefantenscheiße als in Kuhscheiße. Wir kippen jedes Jahr dreimal einen mit Tierfäkalien gefüllten Bodensee auf unser Land. Wenn Sie als Städter einen Ausflug ins Grüne planen, nehmen Sie sicherheitshalber eine Beatmungsmaschine mit.
Als *Soyastern* dann Ende der 1980er für immer pleite war und auf dem Friedhof ganz hinten neben der Herrentoilette landete, erbte ich Dutzende und Aberdutzende von Aktenordnern. Ich schnappte mir das Nigari-Gutachten und schmiss den Rest fort.

Rauch über Kalk

Soyastern-Räuchertofu wurde sofort der Renner, der Blockbuster des Tofu-Universums. In Siegburg gab es nur einen kleinen Rauchverschlag, aber keine Räucherkammer und so suchten und fanden wir die Möglichkeit, in einer Metzgerei in Köln-Kalk zu räuchern. Die Metzgerfamilie erinnerte stark an unsere Siegburger Vermieterfamilie, nur dass die Kölner gleich alle drei »Chefs« waren, jedenfalls offiziell. Unsere Erfahrung mit unbesiegbaren Metzgerinnen kam uns zugute und wir wurden schnell handelseinig. Einmal pro Woche brachte ich eine Fuhre eingelegten Tofu nach Kalk, sortierte ihn in einen Räucherschank ein und nachdem er fertig war, ging's zurück zum Verpacken. Die Kalkmetzger waren außerordentlich geschäftstüchtig. Jedes Mal bevor ich wieder zurückfuhr, stand die unbesiegbare Metzger-Prinzipalin in Eishockeyverteidiger-Manier monumental im Gang und kassierte 50 DM. Auf die Hand.
Die Kalkmetzger sahen schnell »datt datt Fägetarische ja nitt esu schlääch läuff« und fingen kurzerhand an, selber vegetarische Brotaufstriche herzustellen. Dieses Geschäft florierte dann in der Tat ziemlich ordentlich, besonders als

ein angestellter Metzgermeister namens Heinz einen leckeren Nuss-Paprika-Aufstrich entwickelte. Außerdem entdeckten sie schnell den neuen Markt der Bioläden, kauften jede Menge weiterer Produkte wild zusammen und lieferten diese dann geschickt unter eigenem Namen an die sich überall gründenden Läden. Bioläden waren schon damals sehr gutgläubige Kunden. Das Ganze entwickelte sich schwunghaft und die Metzgerchefin wurde eine Art Mutter der Bio-Kompanie und im ganzen Land bekannt.
In Kalk stand mir ein uralter Metzgergeselle zur Seite, dem wohl niemand gesagt hatte, dass es irgendwann Rente gibt. Er sprach immerfort ohne Unterbrechung mit ganz eindringlicher, langsamer und hoher Stimme. Auch er war voll von Metzger-Tipps, was eine Art Berufskrankheit zu sein scheint, und sonderte in singendem, kölschem Slang seine Hinweise ab. Ich erzählte ihm ganz stolz, dass wir irgendwann einen eigenen Räucherschrank anschaffen wollten. Seine Tipps waren jede Woche die gleichen und sollten uns auf genau diesen Fall vorbereiten. »Wenn dann dor Beamte kütt, dann sähst du janz einfach«, er holte tief Luft, »do oben, do is ä ne Fillter.« Dabei zeigte er diffus auf das Dach des Räucherschranks auf dem eine Blende mehrere Anschlussrohre verdeckte. »Dor Beamte jeht up kinne Leiter. – Ich habe in mingem janzem Leben noch nie ä ne Beamte ob dor Leiter jesinn.« Er hob zitternd den Zeigefinger und fing gleich noch mal von vorne an. Entweder meinte er, ich sei nicht ganz dicht oder es war einfach eine Marotte von ihm. Ich bekam jede Woche das Gleiche zu hören und noch dazu jede Menge Stories über das Umräuchern von Rind in Huhn oder Pferd in Fisch sowie weiteren spektakulären zoologischen Phänomenen, zu denen Metzger fähig sind. Eben die zahlreichen Tricks, die zum Grundrepertoire des Fleischerberufs gehören. In seinem Kopf gab es ein immerwährendes, ganz langsames Hin und Her. Es gab keinen einzigen Satz, der nicht nach einer langen Pause, in der er einfach dastand und mit seinen hängenden Schultern zuckte, in

einer unvereinbar tragischen Kollision mit dem nächsten Satz mündete. Wie eine Uhr pendelte er ganz regelmäßig erst hin und dann wieder zurück. Es ging ums Wetter, um Heinz Rühmann, um Helmut Kohl, um das Fett im Körper, das ja schädlich sein soll, aber das man als Knochenschmiere so nötig brauche. »Irgendwann, ja da is dä Motor janz kapott.« Pause. Achselzucken. Verzweiflung. Pause. »Aber uff mich will ja kinner huure.«

Bei ungünstigen Wetterlagen räucherten die Kalkmetzger das ganze Viertel zu, und dann kamen sie, die unfreundlichen Beamten und fragten nach Filtern. Sie zogen mit Literpullen Schnaps und Blutwurst wieder von dannen. Der Versuch, Beamte mit Tofu zu bestechen, ist übrigens nur halbschlau. Mein alter Metzgergeselle verpisste sich sofort, wenn Unheil entweder in Gestalt der Lebensmittelaufsicht oder seiner wuchtigen Chefin drohte, die ihren kleinen Mann und ihren Geniesohn an Cheffigkeit klar überthronte. Der uralte Metzger hatte die phänomenale Fähigkeit, sich mitten im Satz unsichtbar zu machen. Der Räucherschrank stand im Gang zur eigentlichen Metzgerei und ich versuchte es immer zu vermeiden, dort hineinzugehen. Es roch stark und schon vor der Tür konnte man ahnen, was dahinter so alles passierte. Als kleine Tofumacher in dieser Zeit hatten wir ständig Feindberührung, weil wir darauf angewiesen waren, in zerschlissenen, aufgegebenen Ex-Metzgereien unserem Handwerk nachzugehen und weil wir gebrauchte Maschinen, Verpackungsmaterial, Arbeitsschuhe, Betriebsbedarf, Putzmittel und so weiter bei den gleichen Lieferanten einkauften. Feindberührung erhöht die Konzentration. Die Metzgereibedarfshändler haben sich jedenfalls für uns nicht extra in Tofureibedarfshändler umbenannt.

> Du musst viele Frösche küssen, bevor du einen Tofuburger triffst
>
> **TOFUISMUS NO. 23**

Tofu kommt!

Gregor hatte ein überdimensionales Plakat entwickelt. Es zeigte das Foto eines frittierten Tofustücks, das auf einem Salatblatt lag. Darüber stand in monumentalen roten Lettern schreiend: »Tofu kommt!«
Wir gaben es unseren Bioläden, die das Ganze aber »irgendwie viel zu kommerziell« fanden. Die meisten hatten ohnehin keine Schaufenster, die groß genug waren. Außerdem klebten wir es auf unseren Suzuki-Bus, mit dem wir jeden Tag Kunden im ganzen Rheinland und im Ruhrgebiet anfuhren. Zumindest bei einem unserer Stammkunden hat es den eigentlich deutlich breiter erwarteten Sex-Appeal entwickelt, denn auf der Köln-Auslieferungs-Tour hielt mich der Künstler und Sammler Herrmann Götting auf offener Straße an, stecke seinen Kopf, auf dem ein riesiger Hut samt Feder prangte, durchs Seitenfenster und rief: »Wann kommt Tofu?« Sein Hut und sein Kopf wirkten riesig. Er war mit einer Art angeborener Abstandslosigkeit gesegnet und füllte mit seinem Kopf, einem eigentlich kleinen Teil seines Körpers, einen guten Teil der engen Fahrerkabine aus und fragte noch einmal: »Wann kommt Tofu?« Er schritt stets mit einer beeindruckenden Schar an Hunden im Schlepptau herzoglich und in voller Takelage durch Köln und kehrte regelmäßig in dem Bioladen *Bittersüß* ein. Er hatte es sich zur Gewohnheit gemacht, mich stets theatralisch anzuhalten, wenn ich mit dem Suzuki vorbeibrauste und mit lebenswichtigen Aufträgen zu versorgen wie z. B. zwei Stück Tofu samt einem halben Brot aus dem *Bittersüß* zu sich nach Hause zu liefern. Ich musste auch regelmäßig entlaufene Hunde und Katzen suchen, retten und zu ihm bringen, sowie Tierquäler überfahren. Er drohte gerne mit mir, seinem Freund dem Tofu-Punk. »Der rammt dich mit seinem Tofutransporter!« Wenn es um Tierquälerei ging, war er sehr konfliktfreudig. Er kümmerte sich um alle Großstadttiere

und war tagelang fix und fertig, wenn er ein totes Tier gefunden hatte. Er suchte und fand für ausgesetzte Hunde und Katzen neue Besitzer und wenn nicht, behielt er sie einfach. Seine Wohnung war ein Museum und so voll gestopft, dass er für unser großes »Tofu kommt!«-Plakat nur noch einen Platz auf der Innenseite der Eingangstür fand.

Die Auslieferung ging so: Morgens luden wir den Suzuki-Bus mit Tofu, Räuchertofu, Burgern und den vielen Sprossensorten voll, falls diese was geworden waren. Der Fahrer musste das Kunststück fertig bringen, schon vorher einzuschätzen, was er an die jeweiligen Kunden des Tages insgesamt loswerden konnte. Wir fuhren um die 20 bis 30 Stellen an, wie etwa Restaurants, Kommunen, Food Coops, Bioläden, Reformhäuser, Großküchen und Biomarkt-Stände an. Die Ware gab es gegen Bargeld und bei den fünf bis acht letzten Kunden kam es darauf an, den Absatz ein wenig zu steuern, damit es überhaupt reichte, oder, was häufiger vorkam, bessere Preise zu machen, wenn noch zu viel da war. Der letzte Kunde war jeweils speziell ausgesucht, weil wir stets versuchten mussten, den ganzen Rest loszuschlagen. Die Sachen vertrugen keinen Rücktransport und erneute Auslieferung. Besonders gerne fuhr ich die Aachen-Tour, da ich mit vielen Leuten dort befreundet war, aber auch die Köln-Tour oder Münster waren klasse. Eine besonders gute Figur musste man in Düsseldorf machen. Die Reformhäuser dort waren etepetete und ein wenig anstrengend.

EDMUND STOIBER TOFU FACT

Nährwerte verduftet

Fleisch ist gesund – das bekommen Vegetarier noch immer verblüffend oft zu hören. Eiweiß, Aminosäuren, Zink und Eisen würden ihnen fehlen. Dass Soja rund doppelt soviel Eiweiß und alle essentiellen Aminosäuren enthält, aber kein Cholesterin und kaum gesättigte Fettsäuren, das trifft auf deutlich weniger Interesse. Ebenso die guten Zink- und Eisenwerte in Hülsenfrüchten und Vollkorn. Für Abwechslung sorgt da das Forschungsinstitut für die Biologie landwirtschaftlicher Nutztiere. Es berichtet, dass die gängigen, rund 15 Jahre alten Nährstofftabellen beim Fleisch nicht mehr stimmen. Der Eisengehalt beim Schweinefleisch liege 60-65 % unter den gängigen Tabellenwerten, auch bei Zink und Selen sind es 40% weniger. Die Fleischindustrie hat nämlich in den letzten Jahrzehnten so heftig an den »Nutztieren" herumgezüchtet, dass da schon mal der Großteil eines Nährwertes abhanden gekommen ist. Während die staatlichen Forscher tapfer weiterforschen, finden Freunde rein pflanzlicher Lebensmittel die grundlegenden Nährwertangaben weiterhin ganz einfach – auf jeder Viana-Packung.

Spinat

Es war unglaublich. Ich saß mit offenem Mund in einem echten Mercedes. Zum ersten Mal in meinem Leben. Alleine dieser Geruch nach einer neuen, lang ersehnten, aufregenden und fremden Welt. Ich versuchte auszuatmen. Die Dünenlandschaft flog draußen vorbei und der Motor hatte einen Sound, der mir selbst im Fieber wie etwas ganz Besonderes vorkam. Ein wohlig surrender Klang, eine kolossale Stimme, so groß wie ein ganzes Haus. Er übertrug seine tiefen Schwingungen auf meinen Körper. Ich versuchte wieder ohne viel Erfolg auszuatmen, den Atem rauszudrücken. »Wir fahren in ein anderes Kinderheim. Da sind auch ganz viele liebe Kinder.« Es waren noch andere Leute in dem Mercedes-Taxi und sie flöteten ständig auf mich ein und säuselten sehr eindringlich und übertrieben freundlich:

»Auch ganz viele liebe Kinder. Das wird sehr sehr schön, du wirst sehen.« Ich genoss die Schwingungen des Autos. Meine Lungen pfiffen als wären sie undicht. Wir fuhren in eine Art geschützte Garage und ich wurde von weißen Menschen auf ein rollendes Bett gehievt. Zwei von den Kindern in dem Zimmer, in das ich geschoben wurde, waren uralt und es fehlte ihnen jeweils ein Bein. Das dritte war ein großer Junge. Jemand drehte mich ansatzlos und ruppig um und ich verspürte einen starken Schmerz. Sie hatten mir eine Spritze in den Hintern gerammt und einen Knochen getroffen. Ich wimmerte und schrie und wimmerte, um schließlich schluchzend einzuschlafen. Es tat ungeheuer weh. Ich konnte lange Zeit nicht richtig auf dem Rücken schlafen, mein Körper war zerdeppert und ein einziges Schmerzuniversum. Ich wohnte im Land der Schmerzen, hingestreckt auf dem Bauch liegend und in die Kissen wimmernd, die Augen geschlossen, um die Welt auszublenden und meinem Ableben oder was auch immer winselnd entgegenzudösen.
Am nächsten Tag sagte mir das uralte Kind im Nebenbett: »Das war gestern eine ›Spinatspritze‹ aber heute bekommst du eine ›Schokoladenspritze‹.« Sie kamen und drehten mich wortlos um und zerrten mir genauso wortlos die Hose runter. Ich merkte an ihren Reaktionen, dass ich einen riesigen blauen Fleck haben musste. Ich versuchte mich umzudrehen, um auch etwas von dem Fleck mitzubekommen und ich sah, dass mein gesamtes Hinterteil bis zur Hüfte tiefblauschwarz war. Sie drehten meinen Kopf zurück und drückten mich runter. Ich weinte und weinte und weinte. »Nur ins Fettgewebe«, sagte einer, »nur ins Fett.« »Der hat doch gar keins«, sagte die Angesprochene schnippisch, die mir offensichtlich am Vortag die extra Ladung Cortison direkt in den Knochen injiziert hatte. Sie gaben mir die Schokoladenspritze in meine andere Pobacke.
Sie kamen jeden Tag und verpassten mir eine dicke Ladung irgendwas. Mein Nachbar war unglaublich nett. Er sagte jedes Mal »Vanillespritze« (die waren nicht so toll, so etwa

mittelgut) aber auch ganz oft »Schokoladenspritze« (das war das Beste).

Der große Junge im Zimmer sagte, ich hätte ja überhaupt keine Ahnung und wenn man Wasser in ein Waschbecken laufen lassen würde und den Stöpsel rein macht, wäre es am nächsten Tag weg. »Wie weg?«, rief ich entsetzt und hatte so etwas ungeheuer Vernunftwidriges noch nie gehört. »Einfach weg. Wenn einer die Tür aufmacht, geht es nach draußen. Es geht spazieren.« »Du spinnst«, rief ich, »das ist nicht wahr.« »Pah, du hast keine Ahnung.« Er machte den Stöpsel in das riesige Waschbecken, das sich mitten im Raum befand, und ließ das Wasser laufen. Der andere alte Mann mit dem einen Bein bekam in der Zwischenzeit Besuch, der ihm half, sich die Zähne zu putzen, und der große Junge musste die Wasserprozedur wiederholen, weil sie das Waschbecken brauchten. Als er fertig war, versuchte er den Wasserspiegel zu markieren, aber er fand nichts, was auf der Keramik schrieb. »Komm her«, sagte er und ich schlurfte mit meinem fahrbaren Tropf zum Becken. »Hey, der kann rennen«, rief er. Er zeigte mir, dass das Wasser zwei Daumenbreit unter dem Ausfluss oben im Becken stand. »Morgen ist es fast ganz weg.« Er war gänzlich überzeugt, dass ich an der Seuche, die mich befallen hatte, sterben würde und verkündete regelmäßig den beiden anderen Zimmergenossen und jedem Besucher, ich würde aus dem letzten Loch pfeifen. Als die Schwestern mein Bett mit einem fahrbaren Vorhang verhüllten, wenn sie mir das Cortison reinrammten, gab ihm das die letzte Gewissheit. Das machte ihn absolut sicher, dass mich die Sache komplett auslöschen würde. Seine Sorge war, dass man ihn beschuldigen könnte, wenn ich erstickt im Bett lag. Er war einfach immer Schuld und in einem Alter, wo alles nach hinten losgeht. Regelrecht verstiegen war er in die Sache und konnte es sich nicht verkneifen beim Spritzengeben durch den Vorhang zu lugen, um mein Ableben mit anzusehen. Nie und nimmer konnte er seinen Blick für mehr als zehn Minuten von meinem zum

Tode verdammten Körper abwenden. In dieser einen Nacht konnte ich nicht schlafen, denn ich wollte schließlich unbedingt mitkriegen, ob er heimlich Wasser rausließ, aber es war stockdunkel und so schlief ich atemlos ein.
Am nächsten Morgen war ich so aufgeregt, dass ich sofort zum Becken lief und mir den Tropf aus dem Arm riss. Ich hatte keine Zeit. Das Wasser war weniger, ganz deutlich weniger.
»Es ist in der Luft«, sagte der nette Nachbar. Er sah mich mit seinen verhangenen, dunklen Augen an, als hätte sein Detektor etwas unglaublich Schönes in mir entdeckt. »Man nennt das Verdunsten. Es löst sich in ganz kleine Tröpfchen auf, die in die Luft gehen.«

Tofu helps you stay young and hot

TOFUISMUS NO. 16

»Du bekommst nie wieder eine Spinatspritze«, sagte er nach einer Pause, »ich passe auf.« Er bezifferte rechtzeitig vor jeder Spritze die Schmerzladung, errechnete quasi den kommenden Schmerzquotienten und verkündete schlimmstenfalls »Vanillespritze«. Er sollte absolut Recht behalten, ich habe nie wieder eine »Spinatspritze« bekommen, der Mann passte gut auf mich auf.

Meine Mutter kam erst nach ein paar Wochen. »Sie haben mir nicht Bescheid gesagt«, klagte sie, »niemand hat mir Bescheid gesagt.« Es war ihr unangenehm. »Es ist ein ganz doofes Kinderheim«, weinte ich, »ich musste eine ganze Nacht zur Strafe auf dem Gang stehen, nur mit einer Bettdecke. Dabei habe ich gar nichts gemacht … gar nichts.« Ich wimmerte bis ich zum Wesentlichen kam: »Sie haben mich hierher gebracht … in einem Mercedes.« *Mercedes* war etwas ungeheuer Großartiges und überlagerte alles andere. Es war die Sensations-Meldung, der Olympiasieg in dem unerträglichen Durcheinander meiner fünfjährigen Existenz.
Meine Mutter blieb da. Das fand ich toll, denn ich musste

vom Krankenhaus nicht zurück in das Kinderheim St. Maria und wir wohnten in einer Pension auf Borkum, weil ich hier angeblich besser Luft bekam und sich meine Bronchitis bessern würde. Damit ich wieder zu Kräften kam, gingen wir jeden Abend essen und guckten draußen an den Lokalen die Speisekarten an, aber ich fand nie etwas, was ich essen konnte. »Der Junge ist ein schlechter Esser«, erzählte meine Mutter den anderen Gästen in der Pension, »ein ganz schlechter Esser.« Bei ihnen nannte Sie meine Krankheit »chronische asthmatische Bronchitis« oder kurz »seine Bronchien«. Wir entschieden uns immer für Bratwurst mit Rotkohl und manchmal auch für Bratwurst mit Rotkohl und Kartoffeln. Meine Mutter bestellte nur eine Portion und aß meine Reste auf, wenn ich nicht mehr konnte. Sie drängte mir jeden Bissen rein. Die beiden Enden der Wurst mit dem knubbeligen, gedrehten Darm konnte ich für keinen Preis der Welt in den Mund nehmen und auch die Lorbeerblätter und die kleinen pelzigen Nelken im Rotkohl fand ich ekelig und untersuchte jedes einzelne Rotkohlstückchen. Ich hatte etwas gut, deswegen musste ich nicht wie zu Hause immer alles aufessen. Meine Esserei war nervenaufreibend, wie meine Mutter es nannte, und sie musste sich in Geduld üben. Ständig schob ich die Kartoffeln und die Wurststückchen unter den Rotkohl, damit es aussah, als hätte ich was gegessen. Die Tage verloren sich im Sturm und regnerischen Spaziergängen und ich wollte unbedingt meinen einbeinigen Krankenhausfreund besuchen.
Er wohnte in den »Übergangsbaracken«, wie meine Mutter in der Pension in Erfahrung bringen konnte. Eine Containernotsiedlung mitten im Nirgendwo der Dünen. Wir gingen hin und fragten nach dem Mann, aber er war nicht da. »Er ist im Krieg gewesen«, sagte meine Mutter, »und auch noch in Gefangenschaft«, als mache ihn das zu einem problematischen Menschen, vor dem man sich als kleine Frau mit noch kleinerem, kranken Jungen besser fernhält. »Er kommt bestimmt nicht mehr hierhin zurück.« Ich ließ aber in den

kommenden Tagen nicht locker und quengelte so lange, bis sich meine Mutter erneut mit mir auf den Weg machte. »Er hat ja nicht mal Telefon.«
Diesmal aber war er da. Im Wohncontainer hatte er nicht mehr als ein Etagenbett und so gingen wir nach draußen und setzten uns auf einen Baumstamm. Es war sehr windig. »Kannst du schreiben?«, fragte er. »Ja«, sagte ich. »Er ist noch nicht in der Schule«, sagte meine Mutter. »Ein bisschen aber wohl«, sagte ich wütend, »schon ganz, ganz gut!« In der Pension *las* ich den Gästen stolz ein auswendig gelerntes Bilderbuch mit dem schönen Namen »Hirsch Heinrich« vor. Er gab meiner Mutter einen Zettel mit seinem Namen und wiederholte, was ich schon wusste, aber immer wieder hören wollte. »Du bekommst nie mehr eine Spinatspitze.« Unsere Detektoren tickten im gleichen Takt. Er stakte mit seinen Krücken zurück zu den anderen Männern mit ihren verwüsteten Gesichtern.

Meine Mutter war damals ungefähr 40 Jahre alt und eine sehr kleine Frau. Nicht sehr viel größer als ich. Später in der Schule sagten die Kinder auch mal zu ihr: »Dein Bruder ist schon weg«, wenn sie mich abholen wollte, so klein war sie. Ich selbst war ungefähr fünf oder sechs zu dieser Zeit. Wir beide bildeten ein Zweier-Team und hatten ziemliches Pech mit unserer Wohnerei. Mein Vater besuchte eine Chemieschule in einer anderen Stadt, weswegen ich mit meiner Mutter bei einer alten, unfreundlichen Tante in ihrem Heimatdorf im Harz wohnte. Der Mann und der Sohn der Tante waren, wie meine Mutter es nannte, »im Krieg geblieben«. Meine Mutter solle »das Haus« erben, wenn er selbst nicht zurückkäme, hatte der Sohn der Tante bestimmt. Er hatte sich in sie verliebt und machte sie zu seinem inneren Kompass der Rückkehr, weswegen wir bei der Tante und nirgendwo anders leben mussten. »Die Tante«, wie meine Mutter sie immer nannte, war verhärmt und geizig und mochte weder meine Mutter noch deren Familienzweig und schon gar keine Kinder aus eben jenem Zweig. Sie zermetzelte jeden Samstag auf dem Küchentisch das älteste Huhn aus ihrem Hühnerstall, was ich ganz furchtbar fand, und kochte es anschließend stundenlang. Die Prozedur begann mit einem scharfen Schnitt vom Po des nackten, gerupften Huhnes durch den ganzen Körper bis zum Kopf. Sie schob anschließend ihre Hand hinein und zog mit einem einzigen zupackenden Griff quasi durch das aufgeschnittene Arschloch die gesamten Gedärme heraus. Ab und an kam noch eine andere verwitwete Tante und die beiden beschnüffelten jeweils sorgfältig gemeinsam das nackte, tote Huhn von allen Seiten, um dann ruppig die endgültige Zerhackung und Vermanschung zu exerzieren. Ein schnelles, unerbittliches, ruppiges Tanten-Gehacke, bei dem sie sich kurze, trockene Worte zubellten und eine Tanten-Wagenburg um den Küchentisch formten. Die Chance einer Hühnerleber, nicht gegrapscht, gesäubert und irgendwo hingeflutscht zu werden, war gleich Null. Manche Menschen lechzen danach, immer und überall nützlich zu sein, brauchen Arbeit zum Überleben, so unerquicklich sie auch sein mag, um die Unerträglichkeit aus ihrem eigenen Leben und die zermürbenden Gedanken aus ihren Köpfen zu vertreiben. Sie können sich nur im Tun mitteilen. Die Tante wischte, rupfte und hackte den ganzen Tag und sie kochte enorme Mengen an Marmelade oder Hühnergedärm ein, um für die bevorstehende Invasion der Russen oder der Sozialdemokraten – was für sie so ziemlich das Gleiche war – gerüstet zu sein. Das Leben hatte ihr übel mitgespielt, sie erwartete wenig Gutes und bekam nie zurück, was ihr der Krieg genommen hatte. Wider besseren Wissens wartete sie im Dunkeln auf die Rückkehr zweier Männer, die nur in täglich abgewischten Schwarz-Weiß-Fotos anwesend waren. Die Fotos zeigten sie auf demselben Feldweg in Uniform und sie sahen aus, als sei es ihnen peinlich, fotografiert zu werden. Es gab auch zwei Gruppenfotos von ganz vielen uniformierten Männern, offensichtlich allen Kriegsteilnehmern des Dorfes, die

gleichfalls in der Feldwegskulisse aufgenommen worden waren. Die letzte Aufnahme, bevor ihr aller Leben in die Binsen ging. Meine Mutter konnte auf die beiden einzigen Rückkehrer zeigen und sie beim Namen nennen.
In ihrem ganzen furchtbar zerbrochenen Dasein verbrauchte die Tante keinen Strom, weil sie stets ins Bett ging, wenn es dunkel wurde, nur mit Kohlen kochte und heizte und auch ansonsten nichts Elektrisches hatte. Warmes Wasser oder ähnliche Annehmlichkeiten gab es nicht.
Die toten, gerupften Hühner hatten eine ziemlich menschliche Gänsehaut, was ich sehr gut verstehen konnte. Hätte ich auch, wenn mir jemand so übel mitspielen würde. Die Tante war immer ganz in trauerndes Schwarzblau gekleidet und sie verwertete jedes, buchstäblich wirklich jedes einzelne Teil der armen Hühner, selbst die Augen, Därme und Füße. Der Geruch der Eingeweide und des endlos weichgekochten Fleisches wehte durch die ganze gewienerte Etage. Wir mussten die komplette Woche die Körperteile dieser armen Vögel essen. Irgendwann klappte es gar nicht mehr zwischen uns, und die argwöhnische Tante stapfte wütend und schimpfend aus dem Haus, marschierte zu einem konkurrierenden Familienzweig und blieb erst mal dort, um uns aus ihrem Haus wegzumurren. Wir mussten klein beigeben und zogen vorübergehend aus dem kleinen Kuhdorf zu einer Tante meines Vaters nach Amsterdam. Wow, was für ein Wechsel! Tante Else wohnte in einem schönen, alten Haus in einer engen Straße namens Blasiusstraat, ganz oben in einer mit großen, dunklen Möbeln zugestellten Wohnung. Wenn man hinein wollte, musste man unten an einem langen Seil ziehen, das sich durch den steilen Hausflur bis ganz nach oben zog und dort ein Glöckchen in Bewegung setze. Meine Mutter war unsicher in Amsterdam und reagierte fragil und scheu auf die anonyme Großstadt, deswegen waren wir am Anfang sehr viel in der Wohnung, die holländisch und tantenhaft roch, irgendwo zwischen Poffertjes und Mottenkugeln. Ich genoss es, den ganzen Tag aus dem Fenster

TOFUISMUS NO. 26

Tofu is flower power

auf eine Citroën-Werkstatt auf der anderen Straßenseite zu schauen. Sie lag im Hinterhof und ständig setzten Monteure fertige Autos raus auf die Straße und fuhren dafür andere Autos zum Reparieren durch eine enge Toreinfahrt wieder hinein. Es war immer etwas los und ich konnte mich nicht sattsehen an den nicht enden wollenden Bewegungen auf der belebten Straße.
Meine Mutter liebte es, Stoffe und Kleidung einzukaufen, und dies möglichst preiswert. Sie zog mich durch die ganze Stadt und wir gingen oft auf Märkte, die Stoffe von der Rolle verkauften. Meine Mutter kaufte grundsätzlich nur Sachen die »runtergesetzt« waren, weswegen ich in meiner ganzen Jugend aussah, wie ein Komparse aus einem unterfinanzierten 50er-Jahre-Film. Das änderte sich auch nicht, als wir später nach Leverkusen zogen, wo mein Vater als Chemielaborant Arbeit gefunden hatte. Wir bekamen fast gleichzeitig einen Fernseher und einen VW Käfer und lebten in einer kleinen Wohnung mit Kühlschrank. Über Nacht war ich damit plötzlich unermesslich reich und verbrachte meine Zeit damit, den Kühlschrank auf- und zuzumachen. Innen ging ein schütteres Licht an. Ach ja, und ich kam in die Schule.

Die Grundschulzeit verbrachte ich zum guten Teil in der »Ecke«. Wir hatten rechts und links vom Lehrerpult zwei sogenannte »Strafecken« im Klassenzimmer. In der anderen Strafecke stand »Rocco«, ein italienischer Junge. Wir waren Gefährten durch unser gemeinsames Leid. Ich war wirklich nicht besonders böse oder frech, ganz im Gegenteil, ich war unendlich scheu und konnte nur einfach partout nicht mehr als eine Minute stillsitzen. Mein entmutigendstes Fach war »Schönschreiben«, denn ich bekam von einer alten Lehrerin in jeder Stunde mit einem Lineal was »auf die Finger geklatscht«. Die Lehrerin sagte: »Fingerschmerzen gehen zu

Herzen, das wird dir eine Lehre für dein ganzes Leben sein.« Ständig bekam man ungefragt Lehren für sein ganzes Leben verpasst. Das Fingerklatschen passierte regelmäßig in jeder Stunde. Der Grund dafür war, dass meine Schrift ganz fürchterlich krakelig aussah und dazu auch noch das Blatt fleckig und knittrig war. Es schien, als hätte eine Horde von wilden zuckenden Tieren die Hände im Spiel gehabt. Die Buchstaben verstanden sich untereinander nicht und waren auch durch die Linien kaum zu bändigen. Ich konnte sie einfach nicht zähmen, nicht dazu bringen, Form anzunehmen. Die T-Striche hingen, das »u« war untersetzt und hatte keine Ähnlichkeit mit dem, was mir vorgezeichnet wurde und das »ä« ertrank in dem Geschmiere der beiden Punkte, jeder so groß wie die Tränen, die ich vergoss. Das »Fingerklatschen« hat meine Schrift übrigens nicht verbessert, wen wundert's. Jeder einzelne Hieb hinterließ ein Loch im Fundament meines Wesens. Ich hasste die alte Lehrerin. Die Hausaufgaben in der Grundschule hat heilsamerweise meine Mutter gemacht. Ich ging stattdessen Fußball spielen. Mein Vater kam ursprünglich aus der »Zone« und hatte dann zunächst Verkäufer in einer kleinen Drogerie im westlichen Teil des Harzes gelernt, um sich später mit dem Geld, das meine berufstätige Mutter als Sekretärin verdiente, auf einer Abendschule weiterzubilden. Er lernte außerdem Englisch und war darauf sehr stolz. Sie hatten eine Aufsteigermentalität wie viele damals in den 60ern. Irgendwie schafften sie es, mich auf einer Oberschule unterzubringen, genauer gesagt der Leverkusener Super-Oberschule, einer humanistischen, selbsternannten Elitelehranstalt für Kinder vor allem für die von promovierten Bayer-Chemikern.
Ich landete im Klassenraum sofort rechts hinten, wo schon die wenigen anderen Jungs saßen, die von der familiären Herkunft nicht so richtig reinpassten. Gerade frisch in die »Sexta« gekommen, versammelten wir hinteren Jungs uns zum Bolzen in allen großen und kleinen Pausen. Das sollte so ziemlich die ganzen neun Jahre so bleiben – einmal hin-

terer Junge, immer hinterer Junge. Nach dieser Sexta – laut Hacki, meinem ersten Banknachbarn, der stets gluckste, weil er mit einem sensationell sonnigen Gemüt ausgestattet war, leitete sich der Name von Sex ab – kamen noch weitere rätselhafte und ehrfürchtige, lateinische Namen wie Quinta, Quarta, Tertia und es folgten noch ein paar Unter- und Obersekundas sowie zahlreiche Primas. Aber ob wir da jemals hinkämen, müsse sich erst noch rausstellen, wie man uns drohend eröffnete. Wir fühlten uns mächtig unterlegen. Hacki, der Pornos von seinem Vater mit in die Schule brachte, behauptete stets, er hätte schon höchstpersönlich Sex gehabt und könne deswegen die Sexta eigentlich überspringen und außerdem hätte er jede Menge Spermaschleim. Ich dagegen hatte ganz entsetzliche Angst vor Mädchen, Oberschichtjungs und jeglicher Art von Schleim. Schon nach ganz kurzer Zeit war irgendwie jedem in der Schule klar, dass Hacki es nicht packen sollte. Die Lehrer äußerten sich entsprechend abfällig, aber er hielt dennoch bemerkenswert zäh bis zur Quarta durch, so wurde die dritte Klasse genannt. Hacki war nicht so leicht zu besiegen. Er ähnelte meinem späteren Lieblingsschauspieler Lino Ventura, ich liebte Hacki heiß und innig. Etwa drei Jahre später las unser Lateinlehrer, den alle Schüler verehrten, kopfschüttelnd amüsiert vor der ganzen Klasse eine Hacki-Übersetzung des Gallischen Krieges vor. Sein Aufsatz hatte mit dem ursprünglichen Lateintext wenig zu tun. Man konnte bei Latein-Übersetzungen sehr leicht auf Abwege geraten. Hacki hatte sich entsetzlich verlaufen. Sein kunstvollster und hymnischster Satz lautete: »Und Alexander trat in den Haufen des Dareios.« Ihm waren noch weitere überraschende Wendungen gelungen und wir mussten alle fürchterlich lachen und waren total erleichtert, dass nicht unsere eigene Übersetzung zur allgemeinen Belustigung verlesen wurde. Ich lachte und lachte und konnte mich wie alle anderen nicht mehr einkriegen. Nach den Sommerferien begann für uns die »Tertia«, die vierte Klasse in der

Oberschule und der Platz neben mir blieb leer. Ich stand auf der Leitung, erst nach ein paar Tagen wurde mir klar, dass Hacki nicht mehr wiederkommen würde und es dauerte noch länger, bis ich begriff, dass ich der neue Hacki war, obwohl ich schon am ersten Tag auf seinen Platz gesetzt wurde. Ich hatte mitgeholfen meinen ehemaligen Banknachbarn wegzulachen. Er besuchte mich noch oft in meinen Träumen, aber wiedergesehen habe ich ihn nicht mehr. Ich wurde auf dieser Schule insgesamt zwei Mal geohrfeigt. Beim ersten Mal entwürdigend öffentlich vom stellvertretenden Schuldirektor namens Peters, der mir eine schallende Ohrfeige verpasste, als ich in der großen Pause die letzten Stufen einer Treppe runtersprang. »Hier ist keine Turnhalle«, bellte er und schlug mich so heftig, dass ich augenblicklich eine knallrote Backe bekam und sie schamvoll den Rest des Schultages hinter meiner Hand versteckte, damit niemand, vor allem kein Mädchen, mitbekam, was passiert war. Das zweite Mal war etwas weniger heftig und privater, von einem Lateinlehrer namens Bauer. Hacki gluckste und grinste immer über sein ganzes Gesicht, das so viel älter wirkte als er war. Ich durfte ihn nie besuchen, seine Eltern erlaubten es nicht. In meinen Träumen in den Tagen nach seinem Abgang führten wir die beiden Lehrer, die mich geschlagen hatten und den einen, der Hacki mit einem Schlüsselbund beworfen und übel verletzt hatte, einem öffentlichen Tribunal zu. Sie wurden alle drei in Handschellen abgeführt, nachdem wir mit ihnen fertig waren. Wir beide rächten uns so fürchterlich, aber absolut gentlemanlike, dass sie für immer erledigt waren und ich speziell war der leuchtende Supergerechtigkeitsheld und imponierte vor allem einem Mädchen im Nikipullover, aber natürlich auch allen anderen. Hacki war mir in meinen Träumen unendlich dankbar, dass er durch mein Heldentum ein so glorreiches Comeback schaffte. Unsere Zweierbank wurde zu einem Ehrenplatz. Mit Hacki und mir konnte man so nicht umspringen, wir verstanden keinen Spaß.

Der unausgesprochene Auftrag an die Jungs aus der Verliererecke (es waren nur Jungs) lautete: »Überspring am besten gleich zwei Gesellschaftsschichten auf ein Mal.« (Ich persönlich habe das auch prima geschafft, nur in die falsche Richtung, ich machte im Leben eine verschwenderische, üppige und selbstgezimmerte Karriere als Graffiti-Sprüher, Pop-, Punk- und Free Jazz-Musiker und später dann als Tofumacher. Ein Leben Marke Eigenbau, aber nicht uninteressant.) Wir formten in der ersten Oberschul-Klasse eine Bande namens »Kommando konkret aufsteigender Baumsaft«, weil wir regelmäßig auf Bäume kletterten und dort oben phantastische Pläne schmiedeten. Niemand anderes als Hacki hätte sich diesen Namen ausdenken können. Mein Abitur habe ich übrigens mit Eiskunstlaufnoten bestanden und bis heute nicht abgeholt.
Ehrlich gesagt ist, im Nachhinein betrachtet, die Verliererecke in einer humanistischen Oberschule natürlich der mit Abstand reizvollste Platz und ich bin froh, genau dort gelandet zu sein. Wir Verlierer kannten den *Playboy*, mindestens zwei Monate bevor die Altgriechisch-Spezialisten und die anderen Streber drauf kamen und wir hatten schnell Haschisch, Feten, sexuelle Kontakte und frisierte Mofas. Konkret. Das war unser Lieblingswort.

Ausgezogen

Die Sache mit Mädchen hatte plötzlich und ohne Vorwarnung einfach so angefangen ein bisschen zu klappen. Ich wohnte vorübergehend als Ersatzmann in einer sehr großen Kommune, während ich gleichzeitig meinen Zivildienst ableistete, indem ich »Asylanten« betreute. Das waren Männer aus Indien und Pakistan, die in einem Sozialwohnblock untergebracht waren, der in einem »anderen«, einem »richtig schlimmen« Viertel lag. Als privilegiertes Kind aus dem ungeliebten, behüteten, engen Reihenhausparadies, landete ich unvermittelt in der übelsten Umgebung, die die biedere Chemiestadt Leverkusen zu bieten hatte. Ich hatte mich immer heimlich aus all dieser zähen Harmonie hinausgesehnt und atmete ganz plötzlich die unglaubliche Luft der Freiheit. Überstürzt und hektisch wie ich nun mal war, zog ich ohne Vorwarnung aus. Eigentlich mehr eine Flucht und das Leben ohne Eltern stürzte auf mich ein. Es war ein Ausflug in die gefährlichste Ecke der ganzen Welt. Asylanten und Kommune. Mit »Mädchen« kam ich überhaupt nicht zurecht. In ihrer Gegenwart brachte ich nicht einen Ton heraus, sondern lächelte nur unsicher und lachte verschämt, wenn irgendjemand anderes etwas sagte. Die WG bekam viel Besuch und es lebten ca. 20 Leute in dem sehr großen Haus, aber die Mädchen und jungen Frauen fanden mich nicht sehr imponierend. Sie besaßen hinreichend gesunden Menschenverstand, um nicht mehr als ein unschuldiges Lächeln mit mir auszutauschen. Ich war zu jung und zu zerbrechlich und zeigte keinerlei männliche Präsenz, ein flüchtiges Schulterzucken, ein Schluck Wasser, nicht mehr. Immerhin gut am Saxophon und so gesehen ein brillanter Jammerlappen. Alle Zeichen dafür, dass ich ein Mann werden würde, bestanden aus meiner Körpergröße und ein wenig Flaum auf meiner Oberlippe. Eine Schutzhaut war über mein betriebsames Hirn gezogen, das fortwährend summte wie eine gezuckerte Glasflasche voller Bienen, die in beharrlicher Panik den Ausgang nicht fanden. Es brauchte jemanden, der diese Schutzhaut entfernte, damit ich endlich die Dinge sehen und die Zusammenhänge erkennen konnte, die auf mich zukamen. Dieser Jemand war Rita. Sie kam zu Besuch, setzte sich in der großen Küche neben mich und als ich aufstand, um in meinem Zimmer Saxophon zu spielen, kam sie hinterher. Ihre Ausstrahlung war die eines Menschen, der das Natürlichste der Welt einfach so tat. Sie landete nur deswegen bei mir, weil sie durch rein gar nichts und niemanden zu beeindrucken war. Sie legte sich an unserem ersten

Abend auf meine Matratze und wir hörten Musik. Später kam noch ein anderes Mädchen und legte sich einfach neben Rita, weil sie einen Platz zum Schlafen brauchte.
Das Ganze war zu viel für mich und ich brauchte dringend eine Pause. Ich stellte mich auf den Kopf und nach ein paar Yogaübungen konnte ich mich wieder an Ritas Seite legen. Sie drehte sich schläfrig um und von da an waren wir zusammen. Sie hatte seit vielen Jahren einen Freund und machte mit ihm Schluss. Das wollte ich nicht, aber es hätte nichts mit mir zu tun, meinte sie. Wir schliefen das erste Mal in einem reifen Weizenfeld zusammen und sie zeigte mir dabei, wie ein schlüpfriges, handtellergroßes Ding namens Diaphragma funktionierte. Unsere Liebe war fremdartig, aber es fühlte sich absolut richtig und unspektakulär an und wir hatten etwas ganz alleine für uns, das aus Spaziergängen und langen Gesprächen am Rhein bestand. Ich hörte zu, hörte unheimlich gerne zu. Rita nannte sich in Lena um und machte mich mit ihrer Mutter bekannt, die alleine in einer kleinen Wohnung lebte. Ich liebte kleine Wohnungen mit Wohnküchen mit Eckbänken. Rita hatte festes, langes, sehr lockiges rotes Haar und grüne Augen und ich liebte ihren leichten Rauchgeschmack. Alles an ihr war rötlich, auch die kleine Stelle an ihrem Zeigefinger, wo sie die Selbstgedrehten hielt. Sie erzählte mir viel von ihrem Exfreund und ihren Plänen und dem, was das Leben ihrer Meinung nach ausmachte. Ihre Mutter war eine alte, kleine, sehr schlichte Frau, auf deren Eckbank ich die Arme aufstützen konnte, um die Schultern einzuziehen. Sie erinnerte mich an meine einfachen Verwandten im Harz, hatte einen überschaubar gefüllten Kühlschrank und ließ ihre Tochter einfach machen, genau wie ich.
Erst viel später, als ich im Stollwerk Musik machte, kam bei mir, was die Sache mit Mädchen angeht, erheblich Schwung rein. Ich lernte sie plötzlich spielerisch kennen und lieben und die so lange vergeblich erwartete Erfüllung meiner Sehnsüchte befeuerte mich im Alltag. Meine Methode war

es, die Frauen einfach machen zu lassen. Ich saß oder stand krumm da und schwieg. Schweigen konnte ich supergut. Die Mädchen redeten und redeten und redeten und wollten mich immer lösen. Manchmal spielte ich auch zwischendurch ganz leise Saxophon und es entspann sich ein heimliches Zwiegespräch, von dem meine Partnerinnen nichts mitbekamen. Ich konnte sie mit bestimmten Tonfolgen beruhigen oder anfeuern und bildete mir ein, dass sich die weiblichen Emotionen je nach Tonart wie durch Zauberhand änderten. Oder wenn ich nicht mehr einfach nur dasitzen oder stehen und spielen konnte, machte ich Yogaübungen und stellte mich auf den Kopf, was ich schon bei Rita/Lena getan hatte, oder ich meditierte mitten in den regelmäßigen Wasserfällen weiblicher Mitteilungsbedürfnisse.

Angekommen

Da wir ohnehin schon die ganze Zeit durch diese Geschichte im Zickzack vor und zurück rudern, sollten wir auch so weiter machen. Logisch. Lassen Sie uns trotzdem einen Augenblick kurz innehalten und die Frage beantworten, die im Raum steht. Wie sieht es eigentlich heute aus? Wie ist es Tofu ergangen, was haben die Tofumacher weiter erlebt? Wie fühlen sie sich heute? Gibt es Reaktionen der Industrie, der Politik, der Öffentlichkeit, der Medien? Fragen, die gestellt werden müssen. Ein Leben wird vorwärts gelebt und rückwärts verstanden, deswegen mussten wir auch zusammen durch die schüttere Vergangenheit waten und deswegen habe ich losgelegt, als hätte man mir einen Knebel aus dem Mund genommen und alles geschwätzig berichtet, was ich für wichtig halte.
Nun ja, heute ist Tofu von einem unbeachteten Versuchswort auf den Boden der Realität geführt worden, einer ganz bestimmten Realität, der Gegenwart. Hartnäckig nach ei-

nem ausgetüftelten, kosmisch unsichtbaren Masterplan hat Tofu das Deutschland der Jetztzeit erreicht. Einfach so, ohne viel Lärm zu machen und ohne einen einzigen spitzen Aufschrei. Nicht angegeben, nicht gespritzt, nicht geschrien, nicht getobt, nicht explodiert.

Immer eifersüchtig und mit wenig Verständnis beäugt, aber eben auch nicht mehr wegzudenken. Tofu hat als erstes Lebensmittel die Frage aufgeworfen, wie viele tote Tiere eigentlich in unserem Essen sind. Wir können ihm dafür dankbar sein, denn jetzt wissen wir, dass sich tierische Zutaten überall verstecken. In salzigen und süßen Snacks, in Kuchenmischungen, in Spitzenwein, in Essig, in Mayonnaise, in Plätzchen, in Schokolade, in Bio- und Diät-Produkten. Wir schütten in etwas, das rot sein soll, zerquetschte Läuse, Fachbegriff Karmin, weil Erdbeeren nun mal zu teuer sind, wir packen überall Gelatine, den leckeren Schlachtabfall, rein, wir klären mit Knochenmehl, wir verdicken mit gesäubertem Collagen, wir schlürfen Meerestiere und wir schlucken schicke Innereien als Blut-, Bregen-, Leber-, Misch- oder Hirn-Wurst.

TOFUISMUS NO. 19

Ein leckeres Veggie-Dinner passt gut zu deinem Lebensstil

Tofu hat sich derweil heimlich als mental aufgerüsteter Leisetreter fast unbemerkt in den normalen Handel vorgekämpft. Discounter haben ihn im Programm, sehr breit, in ganz vielen Varianten, wohnt er in Bioläden, Biosupermärkten und Reformhäusern und noch etwas unbeholfen gibt es ihn in normalen Supermärkten. Ganz manchmal versteckt er sich schüchtern und unattraktiv immer noch als Tofu im Glas irgendwo bei den trockenen Bioprodukten im Körnerregal. Kaufen sollte man ihn als Frischprodukt. In den letzten 30 Jahren hat er sich etabliert und das, ohne dass die Tofumacher der ersten Stunde jemals Werbekampagnen oder Ähnliches gestartet hätten. Sie kratzten ihr schmales Taschengeld zusammen und hatten jede Menge anderes Zeugs zu tun, gaben schlicht ihre ganze Kohle für Maschinen, Gutachten, Reisen, Konkurse und ausweglose Rechtsstreits aus. Tofu war das absolut null Profit versprechende Produkt in den frühen 1980ern und hat sich trotzdem zu einer Marke im besten Sinne des Wortes entwickelt, er ist das Lässigste was man im Supermarkt kaufen kann. Tofu macht mit Leichtigkeit, was anderen Produkten erst hartnäckig und teuer angedichtet werden muss. Er unterscheidet sich. Und das von Natur aus. Tofu braucht keine aufwändigen Werbe- oder PR-Kampagnen. Die panische Angst der etablierten Lebensmittelwirtschaft und die exzellente Paranoia der Politiker und Beamten tun ihm gut. Die fachkundige Lebensmittel-Aufsichtsbehörde in Trier kann Tofu immer noch nicht korrekt schreiben und *Tofutown* gar bringt sie völlig raus. Beamte können Tofu nun mal nicht ausstehen, immer noch nicht. Die unterschwelligen Aversionen und bösen Diskriminierungen machen wenig aus, sie sind ziemlich irrelevant. Wir Germanen neigen nun mal dazu abzustempeln, einzuteilen, auszugrenzen und alles was nicht passt, wie ein rothaariges Stiefkind unter der Treppe einzuquartieren und nicht mehr drüber zu sprechen. Deutschland ist ein galliges Einteilungsland. Alles was man an Flexibilität erwarten kann, ist ab und zu eine Kakteen-Rochade auf Beamtenschreibtischen. Die gute deutsche Bürokratie ist in den insgesamt 13,5 Milliarden Jahren, die unsere Erde existiert, nicht mehr als ein Tausendstel so alt wie Tofu. Nicht mal ein Fliegenschiss, eine Millisekunde in der Zeit. Tofu gibt es seit 3.000 Jahren. Es ist ziemlich schnurzpiepe, dass unsere Beamten und Fleischpolitiker ihn nicht ausstehen können. Tofu hat die natürliche Bescheidenheit eines Produktes, für das es keine Hindernisse gibt, das einfach kein Problem und keine Mühen damit hat, sich Raum zu verschaffen. Es ist ein Welt-Produkt geworden, das nach Deutschland eingesickert ist. Still und überraschend, statt laut und vorhersehbar. Seit der Entdeckung von Rucola ist

Tofu simplifies your life

TOFUISMUS NO. 9

kein »neues« Nahrungsmittel von der Öffentlichkeit je so bewundert und so abgelehnt worden. Und es gibt kaum ein Lebensmittel, das Menschen so emotionalisiert.

Alles, was wirklich zählt, ist einfach

Die Welt an einem Montagmorgen zu verbessern, ist so simpel und doch so unendlich schwer zugleich. Weil sie sich nicht ohne uns verbessert: Getreide essen, Gemüse essen und Tofu essen. Das ist schon alles. Bei welcher Partei wir alle paar Jahre unser Kreuz machen, ist fast egal. Okay, es gibt schlimmere und etwas weniger schlimme Politiker. Die Frage ist, wählen wir direkte Lobbyisten wie etwa Seehofer, den Schutzengel der Fleischmafia[1], oder eben doch besser auch ein paar echte Verbraucherschützer von den Grünen. Wenn wir aber anfangen, nur an einem einzigen Tag in der Woche kein Fleisch zu essen, können wir die Welt aktiv mitgestalten, indem wir Industrie und Politik auf die Palme bringen und zwingen, ihre Haltungen zu ändern. Kochen wir die Revolution herbei. Ein Signal, das bei den richtigen Leuten in Ferrari-Schallgeschwindigkeit ankommt und zwar genau in dem Moment, wo wir eben kein Fleisch kaufen. Für ein nicht verkauftes Huhn wird definitiv auch kein neues Huhn nachgetötet. Bio-Schweine leben länger, wenn man sie nicht tot als Aufschnitt oder Leber an der Kasse scannen lässt. Wir alle sollten das ab und zu tun. Wir sollten, wir tun es aber kaum. Hunger auf Fleisch ist neben Sex und Steuersparen ein verdammt starker Trieb. Wenn nicht am Montag, weil wir den dicken Kopf, den dicken Bauch und die überschaubare Motivationslage nun mal brauchen, um zumindest diesen einen Tag noch in unserem gewohnten

[1] Taz vom 05.09.2006

Dilemma, in unserem bequemen persönlichen Gefängnis zuzubringen, dann können wir am Dienstag anfangen. Gute Geschichten und echte Revolutionen fangen sowieso Dienstags an. Fleisch ist kranker Mist, es zu essen legt unsere eigenen Körper und die Erde in Schutt und Asche, ist aber absolut unverzichtbar für die Mächtigen. Deswegen werden wir jeden Tag von neuem angefixt und hängen drin, immer drin, immer drin. Für die Bösen läuft es wie geritzt. Es ist eine rein wirtschaftliche Frage. Wir armen Ängstlichen und Kümmerlichen, die wir keine Veränderungen ertragen können, bekommen jede Menge Gründe frei Haus geliefert, um dienstags das Gleiche zu tun wie montags, und ist es am Mittwoch nicht schon fast Wochenende und definitiv zu spät? 20.000 Lobbyisten sorgen allein innerhalb der EU dafür, dass bei Lebensmitteln alles so bleibt, wie es ist, und dass Cholesterin, der Top-Killer in unseren westlichen Gesellschaften, verharmlost wird, denn es ist eben nicht nur der Top-Killer, es ist vor allem die Top-Geldmaschine. Die Hälfte des gesamten EU-Haushalts und ein Großteil des Bundeshaushalts fließen in die Nahrungsmittelerzeugung, ein hoch subventionierter Markt, der keinen Wechsel erträgt und dessen Wahnsinn wir alle bezahlen. Alles, was nicht passt, wird gnadenlos degradiert, abgestempelt, verhindert, schlechtgemacht, wirtschaftlich benachteiligt und politisch mit Hürden versorgt, vor allem vegetarische Lebensmittel und Pflanzenmilch-Produkte. Unsere Politiker sorgen dafür, dass Fleisch und Schlachtabfälle jeden Tag auf unserem Tisch landen und alles andere weggedrückt wird. Seit Mitte des Jahres 2007 ist die Mehrwertsteuer für Pflanzenmilch (Soja-, Reis-, Hafer-Milch etc.) in Deutschland von 7 Prozent auf 19 Prozent angehoben worden. Kuhmilch bleibt natürlich bei 7 Prozent und soll mit diesem Schritt politisch bevorzugt werden. Wir sind damit eines der ganz wenigen Länder auf diesem Erdball, das eine solch dumme, klimaschädliche und selbstzerstörerisch-hirnrissige Diskriminierung vornimmt. Ist es nicht unglaublich bescheuert, unsere eigene Zukunft, unsere eigene Gesundheit und die unserer Kinder zu diskriminieren? Wir subventionieren mit unseren Steuergeldern den Untergang und die Zerstörung unserer Lebensräume. Das muss man erst mal bringen! Würden Sie ernsthaft ihre Steuergelder für die kommerzielle Tierhaltung ausgeben, wenn Sie die Wahl hätten? Sie haben keine Wahl! Wir bezahlen unser Fleisch nicht an der (Bio-) Supermarktkasse, sondern mit unserer Steuererklärung, unserer Wasser- und Abwasserrechnung, unserer Gesundheit, dem Klima unserer Erde, der Zukunft unserer Kinder, dem Sterben von Menschen in der Dritten Welt, die sich die Getreide aus ihren eigenen armen Ländern nicht leisten können. Wir bezahlen mit dem Regenwald, der heftig abgeholzt ist, den subtropischen Urwäldern, die schon nicht mehr da sind, der kaputten Ozonschicht, den Lkw-Staus auf unseren Autobahnen, den 30 Prozent der Oberfläche unseres Planeten, die wir nur für die Tierhaltung brauchen und so weiter und so weiter. Übrigens, auch die 20.000 Lobbyisten bezahlen wir selbst.

Tofu feeds the goodness in people

TOFUISMUS NO. 21

Warten, bis der Arzt kommt

Jedes einzelne Kilo Fleisch verursacht einen ziemlich unromantischen Haufen von drei Kilo Schlachtabfällen und viele Kilos von etwas Stinkendem, was hier noch nicht zur Debatte steht. Schlachtabfälle sind Körperteile und Körperflüssigkeiten, die die Industrie loswerden will, wie etwa Sehnen, Knochen, Gewebe, Augen, Därme, Leibflüssigkeiten, Füße, Fell, Federn, Haut, Embryos und so weiter und so weiter. Viel sub-leckeres, glibschiges, schlecht riechendes Zeugs. Diese Schlachtabfälle werden weitestgehend in die

THE LODDAR MADDÄUS DOFU FACT

Mit der Entscheidung für vegetarische Nahrungsmittel sparen wir natürliche Ressourcen wie Wasser, Rohstoffe und Energie und bewahren die Lebensräume von Menschen und Tieren. Extra für Fußballfans haben wir tapferen Tofumacher mal den passenden Vergleich errechnet: Auf der Fläche eines Fußballfeldes kann man bei schonender ökologischer Bewirtschaftung in einem Jahr genug Pflanzen für ca. 5.000 Packungen *Viana*-Fleischalternativen anbauen. Will man lieber Rindfleisch haben, hilft auch der Griff zu Kunstdünger, Pestiziden und anderen einschlägigen »Werkzeugen« der Agroindustrie nicht viel weiter: Gerade einmal für statistisch ca. 10 Prozent eines einzelnen Rindes (das entspricht ca. 100 Packungen des beliebten *Viana Bonanza Veggie Steaks*) würde so ein großes Fußballfeld ausreichen.

völlig harmlos klingenden Stoffe Gelatine und Collagen verwandelt und über uns Menschen als Müllschlucker direkt entsorgt. Gummibärchen, Backmischungen, Joghurts, Süßigkeiten – all das enthält in vielen Fällen Gelatine. Collagen wird in der Kosmetik-Industrie als Hauptrohstoff verwendet. Aber es reicht nicht, der Entsorgungsdruck ist zu enorm. Wir Müllschlucker-Menschen müssen uns viel mehr anstrengen. Collagen soll nach dem Willen der Fleischindustrie und der Fleischpolitiker in Zukunft vermehrt auch als Nahrungszusatz eingesetzt werden. Demnächst dürfen Sie fragen: Wie viele tote Tiere sind in meinem Orangensaft? Die EU will Collagen, angeschoben durch die Fleischparteien, in Deutschland vor allem die CSU, als allgemeinen Zusatz für Lebensmittel zulassen. Das wird lecker.
Die mit tödlicher Sicherheit kommende »Collagen ist gesund«-Kampagne bezahlen wir natürlich wieder mal mit unseren Steuergeldern.

Wer hat Angst vorm weißen Block?

Haben Sie das Wort Tofu schon mal gehört? Heute kennen es 70 Prozent aller Deutschen und 65 Prozent derjenigen, die Tofu kennen, beurteilen das Produkt positiv (15 Prozent haben keine Meinung und 20 Prozent sind Ablehner.) Sie nennen Eigenschaften wie »rein« (im Sinne von schadstoffarm und sauber) »gesund«, »weiß«, »rein pflanzlich«, »gute Konsistenz«, »passt z. B. zu Pfannen und Gemüsegerichten«, wenn sie nach Tofu gefragt werden.

Tofu und Sojamilch sind zu Artikeln des täglichen Bedarfs geworden. Discounter haben nur ca. tausend Artikel im Programm und die beiden sanften Revolutionäre gehören dazu.

Tofu hat sich seinen Bekanntheitsgrad ganz alleine ohne jede Werbung oder PR erarbeitet und dabei mit Mut und Leichtigkeit viele Hürden genommen. Weder das Produkt noch seine Pioniere haben sich nennenswert verkrampft. Es gibt keinen Tofuverband. Warum auch, das Produkt ist gut, man muss es nicht schönreden. Es gibt einen Verband der Putenkiller, der Schweinekiller, der Rinder- und Pferdekiller, der Hühnerkiller und so weiter und so weiter. Diese Lobby-Gruppen sind zusammengefasst unter dem Dach des Bauernverbandes, der politisch irgendwie ein geheimes Anrecht auf Sonderbehandlung hat und sich eine dufte Organisation namens *CMA* hält, die natürlich nicht von der Agrarindustrie selbst, sondern witzigerweise von uns allen bezahlt wird. Sie kassiert »Zwangsabgaben« von allen, die deutsche Agrarprodukte verwenden (**C**entrale **M**arketinggesellschaft der Deutschen **A**grarwirtschaft oder genauer: **C**holesterin, **M**agendurchbruch und **A**rthritis). Die *CMA* beschäftigt Unmengen an PR-Leuten, die uns als Steuerzahlern und Lebensmittelkäufern auf der Tasche liegen und aufdrängen sollen, was wir gefälligst zu essen haben. Das hat mit freier Marktwirtschaft, freier Meinungsäußerung

oder Food-Demokratie nicht das Geringste zu tun, es ist Nötigung. Die *CMA* kümmert sich fast ausschließlich um die sogenannten »veredelten« Produkte, Fleisch und Kuhmilch. Die entzückenden möchtegern-edlen Fleisch-Kampagnen, die alle zwei bis drei Jahre auf uns herunterprasseln, haben die gleiche Glaubwürdigkeit wie eine Haarwuchsreklame in der Kölner Straßenbahn. Die meisten Leute bereiten ihren Gang zum Klo intelligenter vor, als die *CMA* ihre Fleischkampagnen abfährt. Sie heißen »Hallo Fleisch« oder »Fleisch Ja« und ab und zu wird es ganz witzig wie bei »Ewig lockt das Fleisch« oder »Erst mal ein Bäuerchen«, wo die beiden Fotomodelle in ihren blitzgrünen Schürzen so herrlich verkleidet aussehen und uns als Betrachter beim stolzen Vorzeigen der aufplatzenden Weißwürste klar machen, dass sie im wirklichen Leben niemals in so was tierfettstrotzendes reinbeißen würden. Die EU bereitet der Lobby-Organisation *CMA* glücklicherweise gerade den Garaus. Was sollen auch Fleischkampagnen? Selbst wenn die Metzger ihr Zeugs auf den Marktplatz kippen und verschenken würden, könnten wir unmöglich viel mehr Fleisch essen. Unsere Körper machen das einfach nicht mit. Die dusselige Dämlichkeit und naive Wirkungslosigkeit der überbezahlten *CMA*-Kampagnen ist legendär. Ein für uns alle sehr teurer Schlag ins Wasser. Es gibt in Wahrheit keine bessere Werbung für vegetarische Produkte als eben jene einfältigen Fleisch-Kampagnen. Das ist besonders nett, weil die Tofumacher zwar ihre Groschen zusammenlegen, um gegen die beiden 135-Milliarden-plus-280-Milliarden-Euro-Industrien anzukommen, aber es ist eben nur ein ganz klein bisschen Ameisen-Guerilla-Marketing möglich.
Tofu hat ziemlich alleine die Heldenaufgabe übernommen, ein wenig Fluss und Bewegung in unsere Herzinfarktüberwachungsnation zu bringen. Wenn wir alle anfangen, nur ein Mal pro Woche bei einer einzigen Mahlzeit kein Fleisch zu essen, geht der entscheidende Alarm in Richtung Politik, Fleisch- und Pharmaindustrie, und der Effekt unserer Ein-

TOFU FACT NO. 4

Immer wieder sorgen hohe Dioxinwerte in tierischen Produkten wie Eiern, Fleisch, Milch und Käse oder Fisch für Schlagzeilen. Leider sammeln Tiere Schadstoffe fast wie ein Staubsauger in ihren Körpern an, da sie naturgemäß sehr große Mengen an Pflanzenfutter für ihr Wachstum und ihren Stoffwechsel benötigen. Aus ganz viel Pflanzen entsteht nur wenig Fleisch oder Milch. Rein pflanzliche Lebensmittel erreichen uns Menschen dagegen ganz ohne Umwege und sind deswegen nicht nur viel ökologischer, sondern in der Regel auch deutlich schadstoffärmer. Gute Karten also für Sojamilch, Tofu, Pflanzengyros & Co.

flussnahme ist enorm und sofort spürbar. Wir senden unsere Entscheidung mit dem Scan-Pieps an der Supermarktkasse in die Welt und sie wird sofort gehört. Als Verbraucher haben wir die Macht, das Leben auf unserem Planeten selbst mitzubestimmen. Als Wähler alle vier Jahre kaum. Den Alarmknopf haben wir immer dabei und brauchen ihn nur ab und an zu drücken. Es kommt direkt an, glauben Sie mir. Probieren Sie es aus, es tut nicht weh, im Gegenteil, es tut gut. Versprochen!

Arm aber tapfer in der Festung der Einsamkeit

Es gibt kaum etwas Mitleiderregenderes und Kläglicheres als kleine Tofumacher. Jedem ist sofort klar, dass er hier seinen Beschützerinstinkt austoben darf. Tofumacher haben wenig Ahnung, sonst wären sie ja keine. Da kann, ja da muss man sofort loslegen mit Ratschlägen, um sie davor zu bewahren, ihr Leben tiefgreifend zu verpfuschen. Die Welt bewundert zwar Typen, die sich mit Genuss in jede Verzweiflung stürzen, aber man trachtet natürlich danach, ihnen selbstlos zur Seite stehen. Diesen armen, unwissenden Wesen muss man doch barmherzig zu ihrem Glück verhelfen! Viele Leute, die uns Tofumacher kennenlernen, haben sofort die rettende, Supergeschäftsidee in Petto. Selbst in Beamten entflammt Tofu außerdienstlich eine verwegene Geschäftstüchtigkeit, die man ihnen so gar nicht zutraut und für die sie natürlich keinerlei Verantwortung übernehmen. Die grandiosen Ratgeber und Bescheidwisser haben reiche Scheichs oder andere theoretische Investoren im engsten Bekanntenkreis, die sie nur anrufen müssen. Man ist bestens bekannt, quasi auf einer Stufe mit Hotelbesitzern, Flugkapitänen, Ärzten, Professoren, Popstars, Fernsehköchen, Managern, Geschäftsmännern, besten Freunden, besten Freunden von besten Freunden, Staranwälten, Deutsch-Bänkern, Fußballstars, Astronauten, BMW-Managern, Architekten, Milliardären, Millionären, reichen Witwen, Stahlmagnaten, der Frau von Meyer-Vorfelder, Schnapserben, Bastelsendungsmoderatoren, Konsulinnen, Zeitschriftenverlegern, Bundeswehrgenerälen, Pornounternehmern, dem Bruder von Gottschalk, der Schwester von Dépardieu, Dépardieu selbst, Schlosserben, Schauspielerinnen, Modeschöpfern, Wirtschaftsprüfern, Niki Lauda, Unilever-Vorständen, dem FC Bayern München, FDP-Ministern, Bier-Erbinnen und noch vielen weiteren hochbegabten, schwerreichen oder sich selbst glücklich schätzenden Supermenschen, die ausdauernd darauf warten, endlich uns armen Tofumachern zum feierlichen Durchbruch zu verhelfen. Eine gestandene, elegante Geschäftsfrau ließ es sich nicht nehmen, mich lieb gemeint zum Essen einzuladen, weil ich doch dringend was Anständiges bräuchte und wir unaufschiebbar über ihren guten Bekannten, den Ölscheich, reden müssten. Sie erkundigte sich mitleidig, ob ich denn immer ganz alleine sei oder ob ich mit noch anderen Jungs

> Tofu ist einer der einfachsten Samen für eine bessere Welt
>
> **TOFUISMUS NO. 22**

und Mädchen einsam und schwer arbeitend im Dampf stünde, um weiße Chancenlosigkeit zu produzieren. Es gab lecker Kaninchenbraten. Wir haben uns drauf geeinigt, dass ich bei den Beilagen bleiben durfte. Sie bekam nur mit ziemlich viel Mühe ganz allein das komplette Kaninchen runter. Ist doch schade drum.

Wehe wenn Kattelbach kommt

Es sind die kleinen Erschütterungen die Tofu hervorgerufen hat. Der Spaß war irgendwann Mitte der 1990er vorbei. Tofu wurde ein ernsthaftes, ein sehr ernsthaftes Produkt. Die Zusatzstoffindustrie sprang nicht nur auf den Zug auf, sie taten vielmehr so, als hätten sie persönlich flammneue Wunderprodukte entdeckt. Tofu und Sojamilch waren plötzlich und ohne Vorankündigung in, sogar sehr in. Die Kongressveranstalter und Zusatzstofflieferanten fingen an, die Lebensmittel-Hersteller aufzubohren. Erst sind die Kleinkonzerne eingestiegen, haben in Tofu und Sojamilch gemacht und dann die Großindustrie. Die Statistiken tauchten das Produkt nach und nach in immer grelleres Licht und die Zeit als Tofu noch von den Rätseln des irdischen Lebens handelte und Tofumacher aussahen wie halbverhungerte ausgemergelte Hippies, die eine aussichtslose Idee zu einer verrückten Realität machen wollten, war endgültig vorbei. Heute sind es die talentfreien ambitionierten Anzugträger, die mit einer Zwei-Liter-Packung Selbstzufriedenheit rumlaufen und die sich als hochbegabte Superprofis in einer Branche, gegründet von mehrheitlich Schwachsinnigen, pudelwohl fühlen, weil sie den Abstand gewahrt sehen. Beschränkte Männer mit unbeschränkter, kleinkarierter Energie. Sie umschleichen Tofu wie erfahrene Jäger eine erlegenswerte Wildkatze, aufmerksam auf jedes zerbrochene Zweiglein achtend und kleben an kleinen Tofufirmen, um sie dann einfach zu übernehmen. Wir Allerärmsten sind froh, wenn uns endlich mal richtige Erfolgsmenschen adeln und begutachten, um die ganze Chose raffiniert an sich zu reißen. Großkonzerne, paranoide Kleinkonzerne, die sich bemüßigen, neben Tiefkühlbackwaren und Margarine auch noch Sojamilch zu produzieren und die ach so gerne richtige Großkonzerne wären und so tun müssen, als wären sie selbst Pioniere, Biokonzerne, die mittlerweile einen Großteil des Bioladen-Sortiment liefern, die ganz normale Fleischindustrie, geniale Geschäftsleute, Heuschrecken und die ganzen Private-Equity-Schnösel kommen regelmäßig vorbeigetuckert, um uns von unserer elenden Mühe zu befreien. Ich selbst bin dann immer total glücklich, endlich mal eine richtige Karrierefirma kennenzulernen und dass so sagenhaft tolle Manager sich nicht zu schade sind, bei uns Versagern vorbeikommen. Es sind die Männer des Urteils, sie wissen Bescheid. Meine bewundernde Begeisterung ist ungebrochen und ich eröffne ihnen, dass ich mich unheimlich freuen würde, wenn ich ihnen das Unternehmen einfach schenken könne. Ich bin entwaffnend freimütig und meine das wirklich nicht ironisch, auch wenn es so klingt. »Nur eine einzige Bedingung«, erkläre ich routiniert nach einer Pause, die entsteht, weil den *Boston Consulting Group* geschulten Gegenübern der Mund offenstehen bleibt. »Sie müssen ihren lieben Konzern auf rein pflanzliche Produkte umstellen.« Es entsteht eine weitere Pause, in der sich herausstellt, ob sie auch den Gesichtsbeherrschungskurs der *BCG* mitgemacht haben, und ich tröste die dann am Boden zerschmetterten *Gucci*-Anzüge mit Sätzen wie »Haben Sie keine Angst, ich helfe ihnen gerne dabei«, oder »die Umstellung auf Bio machen wir dann im zweiten Schritt.« Sie werden immer blutleerer und manche stammeln auch schwiemelig, da könne man ja durchaus mal drüber reden. Meist sind sie so verdattert, dass ihnen die Kaffeetasse umfällt oder sie irgendwo gegenstoßen. Was ganz schnell folgt, sobald sie wieder zu sich

gekommen sind, ist meist ein polnischer Abgang. Sie starten fieberhaft aber möglichst unauffällig zum »Auf Wiedersehen« durch. Manche versuchen sich noch in hinhaltendem Widerstand, fangen an zu stottern und meinen etwa: »Äh, ähm, äh, Biofleisch ist doch auch ganz lecker«, oder »Hühner legen ihre Eier ziemlich freiwillig« und Fleisch enthalte doch schließlich auch »ähm Eigelb oder äh Eiweiß und ähm Eisen«, und einer eröffnete mir sogar, Fleisch enthalte doch auch »ähm Fisch, äh Käse.« Er war völlig von der Rolle. Tofumacher sind Outlaws, quasi vogelfrei und müssen deshalb auch ab und an mit der Wahrheit rausrücken. Sie haben wenig zu verlieren. Es gibt nur ein einziges Indiz, das mich zweifeln lässt, ob die in Wahrheit Schwachsinnigen nicht genau diese bräsigen Anzugmänner sind und das ist ihre ausgesprochen schlechte Laune und ihre tattrige Verdatterung beim gestolperten Abgang.
Einer der größten Nahrungsmittelkonzerne der Welt kam einst direkt mit vier Leuten plus zwei Anwälten vor unserer Mini-Tofufirma mit zwei schweren Limousinen vorgefahren, von denen eine nach dem polnischen Abgang dummerweise nicht ansprang. Abgesoffen. Eine Monumentalverpeinlichung. Wir Tofumacher mussten schieben. Manchmal funktioniert die Hilfe auch anders herum.

Herzinfarktüberwachungsnation

Der Herzinfarkt schmeckt richtig gut. Deftig lecker! Deutschlands Frauen haben eine beneidenswert erfolgreiche Strategie entwickelt, um ihre männlichen Gegenparts im Durchschnitt fast acht Jahre oder gut 10 Prozent der Lebenszeit eher unter die Grasnarbe zu schicken als sich selbst. Sie attackieren ihre Männer in der Küche und bewerkstelligen deren grausig kriechendes Ableben mit »schönem magerem Fleisch«, eben wegen »dem Rudi seinem Cholesterin«. Schönes mageres Fleisch enthält satte 30 Prozent tierische Fette. Sie sollten als Mann aufmerken, wenn Ihre Partnerin Sätze zu Ihnen sagt wie: »Rudi, wenn einer von uns beiden stirbt, jehe isch nach Mallorca.« Fleisch heißt Männertod. Es ist die dämmrige, holprige und glitschige Straße auf dem Weg zur finalen, unausweichlichen Attacke, die der Tod eines Menschen darstellt. Männer in Deutschland essen doppelt so viel Fleisch wie ihre Frauen und sterben deswegen im Durchschnitt siebeneinhalb Jahre eher. Frauen kochen und brutzeln ihre alten Jungs ins frühe Grab. Reisebüros liegen deswegen häufig neben Metzgereien oder in Supermärkten direkt in Sichtweite der Fleischtheke. Die einkaufenden Frauen können dann sofort eine Kosten-Nutzen-Relation zwischen Mallorcaflug und Schweinebratenpreis inklusive Beerdigung anstellen. Fast acht Jahre sind übrigens weltweite Spitze. Norwegische Frauen kommen auf den zweiten Platz mit etwas mehr als fünf Jahren und die Italienerinnen erreichen immerhin noch dreieinhalb Jahre. Bei den männlichen Italienern steht die Abwehr einfach besser und sie sind im Vergleich zu deutschen Männern im Alter beneidenswert schlank und achten auf ihre »bella figura«.

Es gibt ein wenig Hoffnung für uns maskuline, hochbegabte, germanische Superhelden, denn es gibt Länder, in denen Männer im Durchschnitt sogar etwas älter werden als Frauen oder aber zumindest gleich alt. All diese Länder haben eher vegetarisch ausgerichtete Ernährungsgewohnheiten. Hoffnung macht zum Beispiel Kuba. Die Kubaner werden seit Jahrzehnten von den Amerikanern und von uns Europäern mit einem Wirtschafts-Boykott belegt und ausgehungert und können sich deswegen keine Massentierhaltung erlauben. Raten Sie mal wer im Durchschnitt länger und gesünder lebt, die Ausgehungerten oder die Aushungernden? Kuba produziert lustigerweise viel Tofu und Sojamilch, weil es aus Gründen der Ressourcenknappheit auf eine mehr vegetarische Ernährung angewiesen ist. Jedes kubanische Kind sollte laut Fidels Castros Versprechen jeden Tag Milch bekommen und er hat es mit Hilfe von Sojamilch halten können. Die Kubaner haben deswegen eine der höchsten pro Kopf Verzehrsraten von traditionellen Sojaprodukten (Sojajoghurts, Sojamilch, Tofu) außerhalb Asiens. Auch viele asiatische Bevölkerungen leben übrigens im Durchschnitt deutlich gesünder und schlanker als wir. Die Statistiken der UNO und der WHO aus den unterschiedlichen Teilen der Welt werfen ein interessantes Licht auf die schmerzhaften Auswirkungen der täglichen Ernährung und die daraus resultierenden unterschiedlichen Krankheitsbilder, die sie hervorrufen.

Das Liefersystem für die Wahrheit ist unser Körper. Die Erwartung des Todes ist viel schlimmer als der Tod selbst und die langsame Selbstblockade durch Cholesterin dämpft die Angst in den letzten Jahren. Sie macht das Leben nebelig. Tierische Produkte bilden die ideale Voraussetzung für unsere Herz-Kreislauf-Erkrankungen.

Unser Herz besteht aus zwei Hauptkammern, zwei Vorhöfen und zahlreichen natürlichen oder eben auch künstlich hergestellten und nachträglich eingesetzten Klappen. Es gibt zwei Blutkreisläufe: Den Lungen- und den Körperkreislauf. In 24 Stunden schlägt das Herz eines Menschen rund 100.000 Mal. Jeden Tag befördert es circa 10.000 Liter Blut durch den Körper. In Ruhe werden fünf Liter, bei körperlicher Anstrengung oder psychischer Aufregung zwischen 25 und 30 Liter Blut pro Minute in die Blutbahnen gepumpt. Das Herz ist in etwa so groß wie die geschlossene Faust seines Trägers und wiegt bei einem Erwachsenen zwischen 250 und 300 Gramm. Das Herz, eigentlich ein sehr einfacher, innen hohler Muskel, ist ein High-Tech-Natur-Produkt und hat sich in einer insgesamt mindestens eine Million Jahre umfassenden Evolution zur genialen Vollendung entwickelt. Alle Teile, alle Funktionen sind absolut perfekt aufeinander abgestimmt. Es ist die beste Top-Saug-Druck-Pumpe aller Zeiten und arbeitet in allen Menschen und in ähnlicher

Ausprägung in allen weiteren Säugetieren. Es funktioniert so gut und so einfach, als wäre es von *Apple* und *Google* gemeinsam entwickelt worden. Klar, werden Sie sagen, nur: Warum muss ich das wissen? Und was hat mein *Apple I*-Herz eigentlich mit Tofu zu tun? Und wenn Sie schon einen vernehmlichen Herzklabaster haben – und das ist nicht gerade unwahrscheinlich –, werden Sie sagen, schade, mein Herz ist leider nicht von *Apple,* sondern offensichtlich eine defekte *Siemens*-Montagsproduktion. Nun, es geht um genau die 10.000 Liter, die das Herz täglich durch unseren Körper pumpt. Um die schlimme Konsistenz und Zusammensetzung dessen, was wir da durch dieses Präzisionsinstrument schicken, um Blut, das in unserem Fall ja eben oft gar kein Blut mehr ist, sondern zäher roter Verstopfungsschleim. Wenn Sie gesund sind, sich täglich ausreichend bewegen, wenig oder keine tierischen Fette essen und sich physisch und psychisch gut fühlen, haben Sie einen Gesamt-Cholesterinwert von etwa 110 bis 130. Sie können Ihre Körperteile drehen und wenden, sich biegen wie eine Brezel. Sie können schnell von Null auf Hundert schalten, egal ob körperlich oder geistig, und Sie sind flexibel im eigentlichen Sinne des Wortes. Ihr Gehör funktioniert, Sie sind entwicklungsfähig und änderungsbereit. Sie sind der Horror für die Pharmaindustrie und das schlimmste Feindbild der Fleischpolitiker und Fleischbeamten, die bei Ihrem Anblick dunkelgrün vor Neid werden. Man kann ja nicht mal sicher sagen, welche Partei Sie beim nächsten Mal wählen. Sie sind in Bayern nicht zugelassen und werden umgehend ausgewiesen. So dürfen Sie überhaupt nicht sein. Wenn Sie hingegen Durchschnitt in Deutschland sind, vielleicht ein Mann über 40, haben Sie ganz deftig hohe Cholesterinwerte. Es fließt genau diese kaugummiartig zähe Masse durch Ihr Herz, die dafür sorgt, dass Sie kaum noch von Ihrer Couch hochkommen. Ihr Blut verdichtet sich zu einer bösen Pampe. Sie haben einen Horst-Schlämmer-Kreislauf. Bill Clinton hatte seinen Herzinfarkt mit einem Cholesterinwert von 210. Viele Männer und Frauen bei uns liegen deutlich darüber. Cholesterin (genauer gesagt LDL-Cholesterin, das ist das Cholesterin, das wir über tierische Fette in unserer System reinkriegen) ist die körperliche Voraussetzung für unsere tiefe Sehnsucht nach Selbstblockade. Wir sind Cholesterin-Junkies. Es ist eine hinterhältige Droge und sie macht uns bräsig, langsam, dumpf, träge und führt ohne Umweg ins sauerstoffarme Deutsch-Dilemma, kurz: wir verblöden. Cholesterin ist neben Nikotin und Alkohol die Top-Droge der Couchpotatoes und sorgt dafür, dass nichts mehr an uns ran kommt außer Richterin Barbara Salesch, *RTL 2* und der *Bild-Zeitung*. Schlägt das Herz nicht mehr, ist der Mensch bekanntermaßen tot. Und mit einem hohen Cholesterinwert sind wir das auch vorher schon ein bisschen.

Tofu is Al Gore's best friend

TOFUISMUS NO. 31

Cholesterin ist aber vor allem ein gewolltes Business, ein Gigantenbusiness und wir nehmen es als bleibende körperliche Zwangslage hin, die unser Leben bestimmt. Über acht Millionen Deutsche hängen am Tropf der Pharmaindustrie und nehmen cholesterinsenkende Medikamente, die kaum Wirkung zeigen außer in den Aktienkursen. Ein Cholesterin-Senkungs-Medikament kostet die Industrie ein paar Cent und in der Apotheke bezahlt der Patient in etwa einen Euro für eine Tagesration, sodass ca. 400 Euro pro Jahr und Kopf allein damit erwirtschaftet werden. Fleisch ist der Verkaufsschlager der Gesundheitsindustrie. Die ganze Cholesterinsache geht über Bande. Fleisch macht nicht nur impotent, weswegen übrigens nirgendwo auf der ganzen Welt pro Kopf mehr Potenzpillen an Männer verkauft werden als bei uns. Im deutschen Süden übrigens noch etwas mehr als im Norden (das Epizentrum der weltweiten Impotenz ist damit quasi das CSU-Präsidium, und das nicht nur geistig). Absolut schön und lukrativ für die Bösen ist auch, dass unsere Diabetes-Rate 8 Prozent beträgt. Die Amerikaner liegen mit

10 Prozent noch vorne und in der amerikanischen Unterschicht erreicht die Rate sogar 14,5 Prozent. Da müssen wir hinterher. Diabetes ist wie Rheuma, MS, Asthma sowie den sehr vielen Hautkrankheiten eine »Autoimmunerkrankung«, die sich nur in Ländern, die diese Unmengen an tierischem Eiweiß verzehren – wie z. B. Deutschland –, so unglaublich häufen. Unser Immunsystem kann pflanzliche Eiweiße sehr gut von körpereigenen Eiweißen unterscheiden, aber tierische Eiweiße eben nicht. Tierische Eiweiße irritieren und zerstören das Immunsystem unseres Körpers und das unseres Planeten. Das Immunsystem, eine Art Innenministerkonferenz des Körpers, schaut sich nur Eiweiße an, keine Kohlenhydrate oder Fette. Die scharfgemachten, bewaffneten Körper-Innenminister schießen bei fortwährenden Irritationen ungezielt gegen eigene Organe. Innenminister sind so leicht entflammbare Machos, dass man immer aufpassen muss, dass sie sich bei Konferenzen nicht gegenseitig abschieben. Häufig verschwinden alle möglichen Allergien, wenn man das unserem eigenen Körpereiweiß am nächsten kommende Eiweiß, nämlich Kuhmilcheiweiß, komplett weglässt. Dass Säugetiere die Muttermilch einer ganz anderen Spezies als Grundnahrungsmittel benutzen, ist von der Natur schlicht nicht vorgesehen. Das führt zu heftigen und vor allem ständigen Irritationen unseres Körpers, da wir Kuhmuttermilch-Produkte nun mal täglich zu uns nehmen. Autoimmunerkrankungen sind, wie die anderen Fleisch- und Ernährungskrankheiten auch, die ganz große Geldmaschine der Industrie. Arthritis und Osteoporose sind weitere schöne Renditebringer. Fleisch und tierische Fette senken signifikant den PH-Wert des Körpers und schwämmen damit unser Knochensystem langsam und stetig aus, machen es brüchig. Jeden Tag verlieren Fleischesser Skelett-Substanz. Knochen sind der natürliche Puffer für niedrige (saure) PH-Werte in den Körpersäften und sie geben eigene Mineralien zum Ausgleich an die saure Körperumgebung ab. Habe ich noch was ver-

gessen? Ja, ganz viel, zum Beispiel Rheuma, die Gicht und unsere ganz eigene Spezialität, den Darmkrebs, der so herrlich wächst, dass man keinen internationalen Darmkrebskongress veranstalten kann ohne Aufnahmen von deutschen Därmen. Wir Germanen sind als Anschauungsobjekte sehr beliebt. Sie können übrigens auch als Vegetarier Darmkrebs bekommen – und zwar mit ziemlich genau der gleichen Wahrscheinlichkeit mit der Sie als Nichtraucher Lungenkrebs bekommen können.
Die Pharmakerle sind so herrlich eingewachsen in unser politisches System, dass ihr Geschäft wie von selbst läuft. Die Gesellschaft der Bundesrepublik ist eine Angstgesellschaft, eingedrahtet in starre Definitionen und Blockaden und ermöglicht den Gesundheitsmarkt dieser unglaublichen 280 Milliarden Euro. Wir sind solide Wesen, aber unser Leben ist sauber in zwei Teile zerbrochen und einer davon ist krank. Zum Größenvergleich: Wir verbrauchen für 135 Milliarden Euro Lebensmittel und 150 Milliarden setzt die Waffenindustrie um. Fleisch ist Tod und Waffen sind Tod. Spezialisierte PR-Firmen arbeiten häufig für beide Todesarten gleichzeitig. In unserem schönen Land müssen unsere Supermänner einfach irgendjemanden killen, und wenn es als Waidmann ein Tier ist. Wir können Tofu nicht ertragen, wir haben Angst vor Ausländern, wir brauchen Kopfnoten, wir schicken unsere Unterschicht auf die Unterschule, wir sind im Durchschnitt 50 Jahre alt. Deutschland ist eine von Ressentiments vergiftete Herzinfarkt-Überwachungsnation. Graffiti und Tofu sind streng verboten. Waffen sind ab 21 erlaubt und wenn es aufgrund von Erfurt und Winnenden nicht so blöde ausgesehen hätte, hätten die christlichen Waffenlobbyisten es geschafft, die Altersgrenze auf 18 zu senken.

Wir Menschen gehören der Pharmaindustrie, dem himmelhohen Hochmut. Sie besitzt neben allen Menschen und allen Nutztieren auch strategische immaterielle Güter wie

z. B. quasi die gesamte FDP, schöne, ziemlich große Portionen der anderen Parteien, Teile der EU-Verwaltung und gute Teile der öffentlichen Meinung, denn sie ist der Träger der Hoffnung auf immerwährende Jugend und Gesundheit für unsere vom Tode überschatteten Körper. Die Industrie hat die Politiker in der Tasche und bestimmt die Gesetzgebung ganz alleine. Die dringend gebrauchte, sogenannte »Positivliste« wirksamer Arzneien, eine einfache, sehr sinnvolle und enorm kostensenkende logische Idee des gesunden Menschenverstandes, hatte nie eine Chance gegen die Pharmajungs, obwohl die Mehrheit der Volksvertreter der beiden großen Parteien sie wollten, und das eigentlich immer noch tun. Seehofer ist als Gesundheitsminister schon 1997 plakativ mit der stolzen Liste in der Hand als springender Tiger gestartet und wenig später als Klofußumpuschelung gelandet. Er warf sich schon nach kurzer Zeit in den Staub vor den Pharmalobbyisten und überreichte ihnen demütig und öffentlichkeitswirksam ein zerrissenes Papier. Seinen Nachfolgern erging es ähnlich, inklusive Andrea Fischer von den Grünen. Die Pharmaindustrie ist einer der größten Steuerzahler in Deutschland. Ähnlich gut politisch eingeklebt sind nur noch die christlichen Waffenlobbyisten, oft Bundestagabgeordnete, in deren Wahlkreisen ein Waffenproduzent wie der G3-Gewehr-Produzent *Heckler und Koch* sitzen. Still und effektiv sorgen sie dafür, dass wir auf dem sicheren dritten Platz des weltweiten Waffen- und Todesexports bleiben und weiterhin heftig Streubomben verkaufen. Internationale Abkommen werden verschleppt, hintertrieben und auf die lange Bank geschoben. Die internationale Ächtung und das Verbot von Streubomben hat Deutschland geschickt um glatte acht Jahre verzögert. Wir alle werden vom Wahnsinn regiert.

TOFUISMUS NO. 28

Die Welt sucht
Schutz in pflanzlicher Nahrung

Genauso wie die Waffenindustrie ist die Pharmaindustrie bei uns keiner parlamentarischen Kontrolle unterworfen. Sollten wir das nicht ändern?

Der hartleibigen, schlechtgelaunten, aber doch sehr wackeren Robustheit unserer Bevölkerung ist es übrigens zu verdanken, dass wir bei den massenweise üblen Nahrungsmitteln, die wir ständig zu uns nehmen, nicht sofort sterben, sondern zäh und tapfer leidend unsere schlechten späten Jahre ertragen und diesen exorbitanten Gesundheitsmarkt möglich machen.

Fleischbombe gezündet

Fleischpolitiker, Fleischbeamte und die Industrie zünden die Bombe in vier logischen Stufen. Das Ergebnis der Detonation ist die atemberaubend gut funktionierende Geld- und Renditemaschine namens »Old-Fat-Rich-Man-Diseases«. So nennt die Pharmaindustrie griffig die herrlichen Fleischkrankheiten des alten, fetten und reichen Menschen. Mit »Rich« ist nicht der Reichtum Einzelner gemeint, sondern der Reichtum des Gesundheitssystems der jeweiligen Gesellschaft. Ist das nicht eine verlockende Einladung für jeden Investor? Tierische Lebensmittel können sämtliche Krankheiten der Menschheit auslösen und damit die gigantischsten Gewinne der Industrie bewirken.
Beinahe nirgends sind diese Krankheiten so ausgeprägt wie bei uns, den Deutschen. Wir sind die Schwersten in Europa – und das mit ziemlichem Abstand, weltweit sind wir auf Platz zwei. Und vor allem unterhalten wir das kostenintensivste Gesundheitssystem der Erde. Die 280 Milliarden Euro sind nicht nur pro Kopf sondern auch absolut (!) der wichtigste zusammenhängende Umschlagplatz auf dem Planeten. Selbst wesentlich größere Länder mit ihren grö-

ßeren Bruttosozialprodukten haben keinen so gigantischen Gesundheitsmarkt. Der ist mit schlechten Nahrungsmitteln auf unser aller Rücken teuer erkämpft.
Aids ist übrigens auf einem ziemlich armen Kontinent zu Hause. Da kann man sich als Arzneimittelkonzern nicht drum kümmern. Gesundheitsmarkt ist das Gegenteil von Marktwirtschaft, Arzneimittel sind immer dort am teuersten, wo Krankheiten vermehrt auftreten. Die Diabetes-Medikamente sind in den USA am teuersten und bei uns am zweitteuersten. Sie sind spottbillig, wo kaum Diabetes auftritt.

Stufe eins: Saatgut

Der ganze Schlamassel geht los mit der Saatgutindustrie. Bauern dürfen nicht mehr ihr eigenes Saatgut ziehen, sondern sollen auf patentiertes, gentechnisch verändertes Saatgut vor allem der beiden amerikanischen Konzerne *Pioneer* und *Monsanto* zurückgreifen. Das wird zum Beispiel in den neuen EU-Ländern wie etwa Ungarn oder Rumänien mit unseren Steuergeldern gefördert. Wir brauchen Unmengen an Getreide zur Fütterung der Nutztiere. 30 Prozent der Erdoberfläche sind heute mit der Nutztierhaltung belegt. Die Saatgutindustrie redet uns ein, wir bräuchten wegen des unermesslichen Fleischkonsums gentechnisch verändertes Saatgut. Um einen einzigen Volumenfaktor Fleisch zu bekommen, benötigen wir den Einsatz von 21 Faktoren Pflanzen. In Eiweiß gerechnet: 7 bis 15 Kilo pflanzliches Eiweiß ergibt ein einziges Kilo Tiereiweiß (je nach Tierart unterschiedlich).
Auch Biofleisch bietet übrigens keine geringere Ressourcenverschwendung und man kann zwar glauben, dass Biobauern und Biometzger ihre Tiere tot streicheln oder tot quasseln, damit diese dann halb freiwillig abtreten, aber man muss es nicht.

Stufe zwei: Die Agrarindustrie. Pflanzenschutzmittel und Tierarzneimittel auf dem Bauernhof

Keine Ahnung, welche Tonnage an Pflanzenschutzmitteln wir auf unsere Felder schütten, aber seien Sie sicher, es sind riesige Mengen. Tiere essen das alles und sammeln die Chemie in ihren Körpern wie ein Staubsauger an. Daneben gibt es den mächtigen Umschlagplatz der Tierarzneimittel. In Deutschland ist der Tierarzneimittelmarkt circa 40-mal so groß wie der Markt für Menschenarzneimittel (in Gewicht, aber auch in Euro ist er deutlich größer). Wir füttern, spritzen, pumpen in unsere Nutztiere jeden Tag Medikamente und essen diese dann mit den tierischen Lebensmitteln selbst auf. Köstlich. Der Mensch, ein höheres Tier und damit Herrscher über die niederen Tiere, steht ganz am Ende der grausamen Nahrungskette und nimmt alles in sich auf, was vorher schiefgelaufen ist.

Den nicht so schönen, leidlich unromantischen Part der eigentlichen Nutztierhaltung überlässt die Industrie übrigens sehr gerne und generös unseren Bauern. Die Industriejungs sehen sich dann abends »Bauer sucht Frau« im Fernsehen an und sie freuen sich über die mickrigen Unzulänglichkeiten derer, die aus Dusseligkeit für uns die Hühner schlachten. Ist das nicht der größte Witz von allen? Nutztierhaltung ist nicht nur ein ziemlich unromantischer Job. Er gipfelt in einer sinnlosen Ungerechtigkeit, nämlich dem abstoßenden Gleichsetzen von lebenden Wesen mit Produktionsmaschinen.

> Share Tofu's vision of friendliness toward the environment and the animals on our planet
>
> TOFUISMUS NO. 22

Stufe drei: Fleischindustrie

Die vielen Nutztiere werden von den Bauern bei der Fleischindustrie abgegeben, die erst die Tötung und dann die kleinteilige Weiterverarbeitung der Kadaver übernimmt. Das will ich nicht unbedingt beschreiben. Wie sich Säugetiere in Todesangst fühlen, weiß jeder von uns, schließlich sind wir selbst welche. Erkennt nicht jeder die Wahrheit sofort, egal wie lange er ohne sie gelebt hat? Auch Vögel, Fische oder Insekten sterben nicht gerne. Jedes einzelne Kilo Fleisch verursacht haufenweise Kot und zusätzlich drei Kilo Schlachtabfälle, die von der Industrie verwertet werden und die wir in flüssiger, fester und pulverisierter Form als Zutaten in unseren Lebensmitteln täglich verabreicht bekommen. Die Fleischbranche selbst ist absolut kleinststrukturiert. Rendite erzielt sie kaum, jedenfalls nicht die fetten unmoralischen 30 Prozent, die die Pharmaindustrie einsackt. Das Verarbeiten und Verwerten des verwesenden »Tiermaterials« prägt die Menschen. Fleischindustrie heißt, jedenfalls so weit ich es kennengelernt habe, ganz häufig wuchtige laute Männer, rosige feste Frauen und jede Menge faulendes Zeugs, das unter keinen Umständen weggeworfen wird. Wohin auch? Es gibt außerdem im Übermaß schlecht bezahlte Jobs für wehrlose Unterprivilegierte und Migranten. Es riecht, es spritzt, es blutet, es fettet und es findet ein mikrobiologischer Verdrängungswettbewerb statt, den die Bakterien und Keime gewinnen. Immer. Die Großmetzger müssen ihre Fabriken in »rein« (Fleisch, gesäuberte Innereien) und »unrein« (unsaubere Innereien, Darmgedöns, Fäkalien) trennen. Den Keimen, Viren und Bakterien ist es gesetzlich verboten, die Trennlinie zu durchbrechen. Sie tun es trotzdem jeden Tag und spielen Pingpong miteinander und besuchen sich gegenseitig. Jährlich werden zwischen 40.000 und 60.000 Fälle von Salmonellenerkrankungen ärztlich gemeldet. Die Methoden, die die Fleischer

anwenden, stammen aus dem 18. Jahrhundert, ganz grobe Chirurgie. Hacken, Zerkleinern, Anfrieren, Umröten, Pökelsalz draufschmeißen, Wolfen (grob zermanschen), Räuchern, Kochen, Ansäuern, Einlegen, Kühlen und einfach alles irgendwie verwerten.
Dann wird es langsam ernst, denn die Fleischindustrie ist die vorletzte aber unerlässliche Vorbereitung zur Krönung des finalen und wichtigsten Gliedes in der Viererkette.

Stufe vier: Die Rakete, es explodiert der königliche Gesundheitsmarkt

Die Götterversammlung dieser eigentlich ganz banalen Verwertungsreihe. Das royale Ende der industriellen Nahrungskette. Firmen unglaublicher Größe und erregender Drallheit, die die drei naiven Vorstufen als Triebstoff ausnutzen. Sie aasen am gut gepolsterten Arsch der Welt. Es ist nicht nur die Pharmaindustrie selbst, es sind die, die z. B. die Hardware wie Darmspiegelungsgeräte und Röntgenapparaturen bauen (wir werden auf Teufel komm raus darmgespiegelt, dabei reicht meist ein einfacher Laktose-Intoleranztest und der Verzicht auf Kuhmilch), es ist der Krankenhaussektor, es sind die Laboratorien, es sind die Krankenversicherungen, es ist die gierige Verwaltung all dessen, die in noblen Palästen residiert, es sind die Apotheken, die PR-Industrie – diese Struktur füttern wir arglos und naiv jeden Tag und dieser Markt wird immer voller. Die 30 Prozent Rendite locken selbst die Großen des Nahrungsmittelsektors, namentlich *Nestlé* und *Unilever*, die ihr Geld schon lange nicht mehr in Fleisch und Kuhmilch investieren. *Nestlé* verschenkt gar aktuell fast seine Molkereibeteiligungen gegen Markenlizensierungen. *Unilever*, einer der größten Gentechnik-Konzerne des Planeten, versuchte erfolglos die Sojamilchfirma *Alpro* mit der Bioschiene »Provamel« zu übernehmen. Gesundheit, oder wie es im Investorendeutsch heißt »Life Science«, ist der mitreißende Zukunftsmarkt. Das erfolgreichste aktuelle Geschäftsmodell lautet: Cholesterin senken und Potenz heben.[1] Acht Millionen Deutsche nehmen regelmäßig Cholesterinsenker. Wir haben jährlich 500.000 Schlaganfälle und 300.000 Herzinfarkte, davon etwa 100.000 tödlich (inkl. dem sogenannten plötzlichen Herztod).[2] Tierische Fette sind damit um den Faktor 10 gefährlicher und tödlicher als unser Straßenverkehr. Die von der Fleischindustrie in Umlauf gebrachten Salmonellen kommen auf fast 500 Tote inklusive Dunkelziffer, dabei sind die auch nicht gerade faulen weiteren Fleisch-Bakterien wie etwa Trichinen oder E-Colis nicht mal mit eingerechnet, die sich so gar nicht in die »unreinen« Sektoren der Fleischfabriken einsperren lassen wollen. Bakterien und Viren haben ihren eigenen Willen.

Tofu macht alles wieder gut

TOFUISMUS NO. 34

Gut gebrüllt, aber welche Lösung, welche Zukunft haben wir Tofumacher anzubieten?

Eine ziemlich gute. Sie hilft unserem blauen Planeten genauso wie unserer eigenen körperlichen Gesundheit und ermöglicht das friedliche Zusammenleben mit unseren Freunden, den Tieren. Die Lösung heißt »Pflanzen« und sie rettet in vielerlei Hinsicht Leben. Essen wir Pflanzen statt Tiere und das so oft wie möglich.

[1] Das Geschäftsmodell der US-Firma *Pfizer*, dem Produzenten von Viagra.
[2] Quelle: Statistisches Bundesamt

Ich bitte um Milde. Man möge mir mein lautes Geschimpfe auf die Fleisch- und Nahrungsmittel-Industrie verzeihen. Gerade die können eigentlich wenig dafür, sie geben nur die nützlichen Idioten und stochern im Nebel. In Zukunft brauchen wir sie dringend als Pflanzenmelker und Pflanzenmetzger. Die Nahrungsmittelherstellung ist ein Zweig, der vor fundamentalen Herausforderungen steht und sich komplett neu erfinden muss, wie übrigens andere Industrien auch. Er darf sich der Aufgabe stellen, rationelle, energiesparende, ressourcenschonende, gerechte und gesunde Produkte zu entwickeln und zu produzieren. Wir können uns als Menschheit glücklich schätzen, keine komplett neue Industrie aufbauen zu müssen, sondern »nur« die Rohstoffe und die Denke der alten Industrie auszutauschen. Neue Rohstoffe und eine neue Generation von Food-Technikern werden uns in die Lage versetzten, eine relativ zügige Änderung unserer Nahrungsmittelversorgung durchführen zu können. Das Fleischspiel läuft schon ziemlich lange, aussteigen ist schwer. Wir haben diesen einzigartigen Planeten durchgebracht und ökologisch abgewrackt, als gäbe es kein Morgen. Die Weltfinanzkrise lehrt uns, dass es fundamentale Veränderungen ohne Krise nicht gibt. Pflanzenfood wird wohl erst durch die kommende Welternährungskrise zu Fleisch 2.0 werden.

Die Wörter »Fleisch« und auch das englische »Meat« stammen etymologisch übrigens nicht etwa von »totes Tier«, wie man glauben könnte, sondern von »feste Nahrung«. Das Fleisch einer Melone oder Birne ist schlicht der festere Teil des Obstkörpers. Pflanzliche »feste« Nahrungsmittel (pflanzliche Fleisch- und Käsealternativen) haben eine ganz wichtige Verbündete, die Zukunft. Denken wir Fleisch pflanzlich, machen wir Fleisch pflanzlich und alles wird gut. Auch das Wort »Milch« beschreibt ausschließlich die Beschaffenheit und nicht etwa die Herkunft. Nach unserem Lebensmittel- und Finanzgesetzen ist Muttermilch übrigens strafbar, weil sie nicht von Kühen kommt und müsste beamtentechnisch analog zu dem von den Finanzgerichten sogenannten Produkten »Sojasaft«, »Hafersaft« oder »Mandelflüssigkeit« eigentlich »Frauenauspresssaft« heißen und mit 19 Prozent Mehrwertsteuer belegt sein. Verklagen wir unsere Mütter nachträglich. Das ist Gesetzeslogik.

Ich habe eine ganz heftige Allergie, meine überschießende Deutsch-Beamten-Politiker-Immunreaktion. Insgesamt gesehen ist mein quirliges Deutschlandglas aber immerhin ein sagenhaft gutes Drittel voll, denn Tofu ist zwar ziemlich diskriminiert und Graffitis sind komplett verboten, aber Saxophon spielen und Free Jazz sind immerhin ein klein wenig erlaubt. Ein Drittel ist schon klasse und genügt mir vollkommen, ich hätte ja auch noch auf viel schlimmere Ideen kommen können und mein Glas wäre bis zum Boden ausgetrocknet. Man kann dem Leben als Freigeist in Deutschland wahrlich nicht vorwerfen, es versage dabei, einen klein zu halten. Vor lauter Eifer, jederzeit das strunzgesetzlich Grundrichtige zu tun, machen wir in Wahrheit immer nur das Falsche. Bei uns piept es eben. Ich glaube an die Welt, an die Menschheit und an das Universum mit seinen 200 Milliarden Sternen alleine in unserer Milchstraße. Manchmal werde ich aber ziemlich wütend, sobald wir Menschen uns über andere stellen und uns selbst die Kleinigkeit herausnehmen, die verdammte Norm festzulegen. Einteilung ist Gewalt. OK, ich gebe zu, wir Germanen sind die besten Deutschen von allen, aber wir haben eben einen heftigen Piepmatz. Heimlich sehne ich mich aus all dieser zähen, diskussionsunlustigen Gleichheit hinaus. Ich brauche Aufgaben, Streit und Friktion. Ich puste das Gewicht der Situation weg und lache mich schlapp. Mein Trick ist, dieses Land mit Tofu umzuwerfen. Deutschland mit Tofu zu beschmeißen und mit Sojamilch zu gießen, das macht Spaß, das macht Sinn, das ist Klasse und viel witziger als 'ne öde Rentenversicherung. Wir haben unser Leben und die ganze Welt mit toten Tieren stillgelegt. Wir Menschen sind steckengeblieben und ich kann helfen uns wieder ein klein wenig Luft zu verschaffen. Menschen sind nicht meine Feinde, ich mag sogar die Bundeswehr-Fleischbayern, denn sie haben mich ins Gefängnis geworfen, eine ungewöhnliche Erfahrung, die ich sonst kaum hätte machen können. Ich bin absolut und ehrlich dankbar für ein außergewöhnliches Leben. Das Universum hat mir die schöne Aufgabe gegeben, Tofu im Land der steifen Vorstellungen und der Verkrampfungen, einzubürgern und das ist ein ganz toller Job. Die Weltkondensation, die Mentalitätsverflüssigung kann ich nicht ganz alleine, aber ich kann mitmischen. Die Lösung heißt sehr schlicht und sehr einfach, Lebensmittel aus nachwachsenden pflanzlichen Rohstoffen zu essen und zu unserer täglichen Nahrung zu machen. Es bringt wenig, die Zahlen der ärmsten Menschen zu sammeln und akribisch in die Statistiken der jährlich Verhungernden, Verdurstenden und Unterernährten einzutragen und an die UNO und die WHO zu melden. Die Zahlen sind jedes Jahr die gleichen. Wir enden bei mindestens einem Siebtel der Menschheit, im Moment etwas weniger als eine Milliarde Personen, die ganz weit weg von uns ungesehen sterben, häufig durch Austrocknung. Wir Menschen bilden eine furchtbar verletzliche Überlebenseinheit. Die UNO-Vollversammlung stimmt regelmäßig ab, bis wann der Welthunger und der Weltdurst endlich halbiert werden müsse. Leider lässt sich das per Handzeichen alleine nicht bewerkstelligen. Ich will kein Dorfnörgler sein, kein verrückter Leserbriefschreiber, kein maulender Rentner, der am Ende seines Lebens das tut, was die anderen auch tun, nämlich alles besser zu wissen, oder noch genauer, alles gleich gewusst zu haben. Das ist nichts für mich, da ich ein starkes Interesse daran habe, als einigermaßen gelassener Mensch zu leben, jedenfalls bis

> Die Weichen und Schwachen werden die Festen und Erstarrten besiegen. Nimm Tofu!
>
> **TOFUISMUS NO. 35**

zu meinem Ableben. Meine Welt ist das Tun. Ich kann nicht jammern. Ich kann nicht »Auch das noch!« rufen oder denken. Mir fehlen bestimmte Gene, es fällt mir schwer, mich folgenlos aufzuregen. Meine Autobiografie würde lakonisch lauten »Geburt, Aufzucht und Tod eines männlichen Menschen-Körpers, der eine Frau liebte, Kinder zeugte, Pflanzenlebensmittel machte und Töne blies«.

Der Schlüssel zur Lösung sind wir selbst. Jeder von uns. Essen und trinken wir doch einfach das, worauf wir Hunger und Durst haben. Und fügen wir einen einzigen Schritt ein, indem wir vorher unser Bewusstsein anknipsen. Erst das Bewusstsein und dann das Sein. Ist es unethisch, gar kriminell, Fleisch lecker zu finden? Nein, natürlich nicht. Nur, muss es unbedingt aus toten Tieren bestehen? Beißen sie in einen Schweinepopo und sie werden nichts als eine unleckere Ansammlung aus Fetten, Eiweißen und wenig Kohlehydraten vorfinden. Was ihnen hinterher auf dem Teller schmeckt, ist die Konsistenz, die Zubereitung, die Würzung und der Biss, aber eben nicht das lebende oder tote Fleisch am Knochen. Wir alle sind Vegetarier der Optik geworden. Es soll eben gerade nicht nach Tier aussehen. Wir wollen keine glibschigen Innereien, keine noch zu rupfenden, toten Hühner, sondern fertige Burger, Schnitzel und leckere Würstchen – aber könnten sie nicht genauso gut auch aus Pflanzen sein, besonders wenn sie dann vielleicht noch leckerer sind?

Auch wenn es im ersten Moment komisch klingen mag: Das alles kann man problemlos sehr ökonomisch und ökologisch aus Pflanzen erschaffen. Sie haben was wir brauchen, nämlich Eiweiß, Fette und Kohlenhydrate. Genau das, was auch die Kühe, Schweine und Hühner in ihrem Stoffwechsel aus Pflanzen bilden. Sie trinken ohnehin Sojamilch, nur über den dummen Umweg von mit Sojakraftfutter versorgten Kühen. 95 Prozent der Weltsojaernte wird an Tiere verfüttert. Der Aminosäure ist es absolut egal, ob sie in einem Stück Tierfleisch darauf wartet, durch Verdauung in einen

Menschenkörper eingebaut zu werden oder in einem Stück Pflanzenfleisch. Sie ist absolut dieselbe und auch nicht etwa »höherwertiger«, wenn sie aus dem Tier kommt, ganz im Gegenteil, das Molekülkonglomerat, das wir mit toten Tieren essen, ist viel schmutziger, bezogen auf Herbizide, Pestizide und Tierarzneimittel und wir belasten uns mit ungesunden, tierischen Fetten. Aminosäuren aus Pflanzen stellen uns nicht vor diese Probleme. Gesundheitsstudien[1], die Vegetarier mit Fleischessern vergleichen, bestätigen weltweit und immer wieder neu, dass eine überwiegend vegetarische Ernährung uns gut tut und wir deutlich schlanker und gesünder durchs Leben gehen, wenn wir Pflanzen statt Tiere essen. Probieren Sie es einfach. Schauen Sie sich in ihrem Lieblingsladen vegetarische Fleischalternativen an. Wer jemals ein gutes pflanzliches Gehacktes oder ein deftiges vegetarisches Hacksteak gegessen hat, weiß, dass er auch mit Pflanzen was zwischen die Zähne bekommt. Vegetarisches Kebab, vegetarisches Gyros, Nuggets, Schnitzelchen, Burger, Würstchen und panierte Stäbchen sind ausgesprochen lecker.

Tofu übertreibt nie

TOFUISMUS NO. 48

Nicht jedes vegetarische Produkt ist gleich gut, aber das gilt für Fleisch genauso. Vorurteile zu haben ist einfach. Mit ein wenig Ausprobieren können wir alle aber eine ganz neue Welt der Nahrungsmittel erleben. Wir Menschen kriegen ein tolles Geschenk. Der Kosmos der pflanzlichen Lebensmittel ist genauso groß und vielseitig wie die kleine Welt der gewohnten tierischen Produkte, und Pflanzen bringen uns die Weltentkrampfung. Neben Fleischalternativen gibt es Kuhmilchalternativen wie etwa Sojajoghurts, Hafer-, Reis- und Sojamilchgetränke, Nuss-Käse, Tofu-Quarks und so weiter.

[1] Die Wissenschaft hat festgestellt: Vegetarier sind im Durchschnitt, gesünder, schlanker und fitter als Fleischesser. Untersucht z. B. in der Gießener Vegetarier Studie, Prof. Claus Leitzmann, 1988

Mintel, eine Marktforschungsgesellschaft, listet für Europa 2.300 Milchalternativen und 4.700 Fleischalternativ-Produkte auf. Daneben gibt es traditionelle vegetarische Produkte wie etwa Seitan, ein Weizeneiweißprodukt oder Tempeh, ein fermentiertes traditionelles Sojafrischprodukt aus Indonesien. Und es gibt natürlich Tofu, laut *Mintel* in Europa in Form von über 3.500 Tofuprodukten. Das alles auf unserem eingefleischten und eingebutterten alten Kontinent. Da ist sicher auch was für Sie dabei. Weltweit jeder sechste Cappuccino der Cafe-Bar-Kette *Starbucks*[1] ist ein Sojamilch-Cappuccino. Bestellen Sie eine »Triple-Venti-Soy-Latte« oder einen »Tall-Soya-Caramel-Cappuccino«. Wow! Sojamilch ist so lecker, dass sie auch im Kaffee ihren wichtigen Dienst versieht.

Tue Gutes und rede nicht andauernd darüber. Nimm Tofu!

TOFUISMUS NO. 36

Schauen wir uns die Verkrampfungen an, die wir produzieren und mit denen wir uns selbst so genial und so übertrieben im Wege stehen. In Verkrampfung sind wir gut, sehr gut sogar. Wir sollten versuchen, diese in Energie umzuwandeln und damit ein paar Atomkraftwerke auf ein Mal abschalten. Noch besser, wir könnten versuchen, Verkrampfungen in geistige Energie, in Aktion, in Seele, in Bewegung umzuwandeln, dann werden wir gute Lösungen und Auswege finden. Lösen wir unsere Verklemmungen und probieren wir pflanzliche Nahrungsmittel aus. Es tut nicht weh. Versprochen.

[1] *Starbucks* ist nur ein Beispiel, alle »neuen« Cafe Bars bieten Kaffee-Spezialitäten mit Sojamilch an. Einige sogar zusätzlich Hafermilch. *Starbucks* selbst ist der größte Gastro-Verbraucher von Sojamilch und hat für dieses Produkt eine ähnliche Bedeutung wie *McDonalds* für *Coca-Cola*.

Das Muss, das große Muss, das ganz große Muss, das Obermuss, das Jetztmuss, das Mussmuss, das Druckmuss, das Schulmuss, das Arbeitsmuss, das Befehlsmuss, das Der-da-Muss, das Dann-heißt-es-hinterher-wieder, das Dann-muss-aber-erst-der-andere-da und so weiter und so weiter

Welche Krämpfe genau meine ich? Nun, es gibt bei uns Germanen die ständig anwesende und ambitionierte Verschärfungs-Verkrampfung (»So geht das aber wirklich nicht weiter!« – häufig und sehr gerne trifft es die absolut unmögliche Jugend), die Umwegverkrampfung (= »Über-Bande-Verkrampfung« oder »So-tun-als-ob-Verkrampfung«), die Verstopfungs-Verkrampfung (drücken, drücken, drücken!), die »Ich-bin-besser-als-Du-Verkrampfung« (Du darfst nicht in meinem Sandkasten spielen), die Selbstblockade, die Zwölfender-Verhakelung (Rechtschreibreform, Ladenschlussgesetze, Pendlerpauschale, Steuersenkung jetzt aber gefälligst sofort), die Komplettrundumverkrampfung, die Angeber-Verkrampfung, die »Jetzt-bin-ich-aber-beleidigt-Verkrampfung«. Die Bildzeitungsverkrampfung (Panik pur, Schlagzeilen wie: »Deutschlands schlimmste Terroristen ziehen in die Wohnung über Dir«).

Wir Germanen sind die Besten in größenwahnsinniger Kleinst-Kariertheit. Mit destruktiver geistiger Energie zerlegen und zerdeppern wir Menschen den unermesslich kostbaren blauen Planeten. Ich glaube, es ist die Energie des Hochmuts. Wir stellen uns über andere Wesen, über deren Natur und wir glauben nicht an das Gute in uns selbst. Es ist eine einfache Ursache-Wirkungs-Berechnung. Wenn ich blöd bin zu Anderen, bin ich auch blöd zu mir selbst. Das ausschließlich Materielle bringt uns an den Abgrund. Es

macht uns nicht eben leichtlebiger. Wir brauchen dringend Kriegsschiffe, Industrieunternehmen, Fernsehsender, Aktienpakete, Häuser, Parteivorstände, Kopfnoten, Rentenberechnungen, Zweitwagen, 20 Prozent Zinsen, atomare Sprengkraft, Drittfernseher und so weiter und so weiter. Wir brauchen alles unbedingt sofort, aber gerät uns das Leben nicht immer dann, wenn es unbedingt ganz, ganz großartig werden muss, in Wirklichkeit ziemlich mickrig? Geht es nicht gerade dann komplett in die Hose? Immer mehr und noch mehr zu wollen und gleichzeitig entsetzliche Angst zu haben, nicht genug zu bekommen. Ich glaube, wir haben es mit der Angst übertrieben. Wir drosseln mit Angst unsere Kinder, Tiere, Leute, die anderer Meinung sind, ein langsameres Auto fahren, die in der Schlange hinter uns stehen, deren Kinder in der Mathearbeit wieder nur eine Vier haben und wir drosseln uns selbst. Angst macht klein. Wir Menschen laufen mit dem Gefühl durch die Welt, jeder habe Unrecht und keine Ahnung außer uns selbst. Brandgefährliche Rechthaberei und Besserwisserei liefern uns den Grund für Kriege und gewaltsame Auseinandersetzungen jeder Art. Hochmut, sich über andere zu stellen, ist die gewalttätigste Waffe, die wir haben. Im Krieg stehen sich häufig Hochmut und Verzweiflung gegenüber.
Deutschland ist noch kein Tofuland, Europa noch kein Tofukontinent, aber es geht voran. Wie wir mit unseren Mitgeschöpfen, den Tieren, umgehen, ist meiner Meinung nach der Kippmoment für die Glaubwürdigkeit unserer Gesellschaft, die in Wirklichkeit ziemlich unchristlich und ziemlich unmoralisch ist. Jesus wäre heute vermutlich kein Waffenlobbyist geworden, selbst wenn sich in seinem Wahlkreis die Waffenindustrie tummeln würde. Er würde auch dem deutschen Ausländerrecht sehr kritisch gegenüberstehen und nicht akzeptieren, dass wir die ärmsten Menschen der Welt draußen lassen und falls sie sich doch Eingang verschaffen, gewaltsam abschieben. Jesus war Vegetarier. Hitler übrigens trotz anderslautender Gerüchte nicht. Der drehte

seiner Gänsezucht eigenhändig die Hälse um und verspeiste sie anschließend. Außerdem liebte er bayerische Weißwurst und ließ sich zu guter Letzt regelmäßig ein Bullenserum spritzen, um vermeintlich fit zu sein (eine Art Nazidoping). Sein empfindlicher Magen vertrug »rotes« Fleisch nicht gut, was wohl die Quelle für diese Gerüchte sein dürfte, er versuchte Fleisch auf den Rat seiner Leibärzte hin zu vermeiden.[1]

Fleisch und Milch haben keine Zukunft, nicht weil sich die Menschheit über Nacht zusammengesetzt hätte, um zur Besinnung zu kommen, sondern einfach weil die begrenzten Ressourcen unseres Planeten nicht ausreichen, um alle Menschen und die stark steigende Weltbevölkerung damit zu versorgen. Fleisch und Milch haben auch vor allem deshalb keine Zukunft, weil sie auf dem Kapitalmarkt kein Geld bekommen, Investoren nicht mehr an tierische Produkte und die damit einhergehende Ressourcenverschwendung glauben. Wir müssen die Fleisch- und Milchbranche deswegen mit unseren Steuergeldern subventionieren, anders ist das Ganze nicht zu finanzieren.

Tofu hat bei uns eine Familie gefunden

TOFUISMUS NO. 37

»Less meat, less heat«, so drückte es Dr. Rachendra Pachauri, Vorsitzender des IPCC (Weltklimarat, eine UN-Organisation) aus. Der (regelmäßige) Verzicht auf Fleisch ist laut IPCC die effektivste Methode, der Klimaerwärmung entgegenzuwirken. Alleine der Anteil der Fleischproduktion an der Erderwärmung liegt bei 18 Prozent und damit deutlich vor dem Automobil, sagt der Weltklimarat. Pachauri ist Nobelpreisträger und beendet seine Vorträge häufig mit einem

[1] Rynn Berry: Hitler: Neither Vegetarian Nor Animal Lover. Pythagorean Publishers, New York.

Gandhi-Zitat: »Sei selbst die Veränderung, die Du auf der Welt sehen möchtest.«
Tofu und Tofumacher haben den tanzenden Auftrag, alle ein wenig zu entkrampfen und Körper und Geist erst aufzutauen und dann aufzubauen. Wir haben Glück, jede Woche schickt Deutschland uns Tofumachern einen neuen Beamten ins Haus und die Lobbyisten und Politiker basteln an lustigen Verfügungen und Schreiben, die uns dieses oder jenes untersagen wollen. Reibung hält jung, nicht ganz alleine, wir brauchen auch gute Ernährung, regelmäßige Bewegung und geistige Nahrung wie Musik und Kultur und ab und an den Blick auf die anderen Menschen und Tiere dieses Planeten.

Pflanzen als Nahrung, unser Welt-Airbag

Warum sollten wir uns mit einem Missverständnis begnügen, wenn wir eine Tragödie haben können? Die Zukunft versorgt uns mit der gigantischen Aufgabe, Wirtschaft und Gesellschaft neu zusammenzudenken. Die alten Modelle und Systeme der Nahrungsmittelerzeugung, vor allem die alte Industrie, werden wir nutzen müssen, um neue Inhalte, Gedanken und Rohstoffe einzuleiten. Pflanzliche Nahrungsmittel geben uns Optionen, die wir vorher nicht einmal ahnten. Wir haben alle Möglichkeiten, die wir brauchen, um zu Überleben. Keine Angst vor Vielfalt, Multikulti und dem Durcheinander des Aufbruchs. Der Hunger in der Welt – und der wird sich erheblich verschärfen, einfach deswegen, weil wir Menschen täglich mehr werden – ist Hunger auf Eiweiß. Nach der Weltfinanzkrise bekommen wir eine Welternährungskrise und die wird durch Eiweißmangel und Wassermangel gekennzeichnet sein. Die gleichen Untergangsmetaphern, die wir jetzt auf den Bankensektor anwenden, Sätze wie »Das hat sich ins kollektive Gedächtnis der Menschheit eingebrannt« oder das schöne »Nichts wird mehr sein wie bisher« werden wir dann auf die kommende Ernährungskrise anwenden und lernen, dass die Weltfinanzkrise eine sehr gute Krise war, weil sie zwar viel Leid, aber kaum Tote gekostet hat. Bei der kommenden Nahrungsmittelkrise bin ich mir da nicht so sicher. Es ist wie beim *RTL Domino Day*, ein Stein fällt, eigentlich tippt er nur ganz leicht gegen den nächsten und mit zwanghaft mathematischer Unerbittlichkeit fallen alle anderen Steine nacheinander um. Es ist wundervoll, alles zusammenbrechen zu sehen. Ein Rausch, der unsere Gier nach Abstürzen befriedigt.

Was isst eigentlich jemand, der keine Tiere isst?

Du bist was du isst, hat irgendwer Schlaues gesagt und ich meine, dass jemand der keine Tiere isst, ein ganzer Mensch und sogar ein ganzer Mann sein kann. Ich werde sehr oft gefragt, was ich überhaupt esse und man unterstellt mir Askese, Verzicht, Lustfeindlichkeit und Unmännlichkeit. Es schwingt meist sowohl Entrüstung und als auch Verteidigung des eigenen Lebensstils mit.

Ich esse für mein Leben gern. Ich esse ständig und bin ständig auf der Suche nach Neuem und es gibt leckere Sachen in einer solchen Fülle, dass ich sie gar nicht alle aufzählen kann. Erdnüsse (ich bin Peanutarian), Äpfel (ich bin auch Appletarian), getrocknete Cranberries (besonders lecker ist die Mischung aus Cranberries und Cashews), Trockenfrüchte wie Rosinen, Aprikosen, Apfelchips, besonders lecker sind getrocknete Mangos, Pekannüsse, Kokosnüsse, Brazil-Nuts, Ananas,

> Tofu ist der Hebel zur magischen Wiederherstellung des Gleichgewichts
>
> TOFUISMUS NO. 47

scharfe Saucen, leckere Suppen wie Kürbis- oder Miso-Suppe[1], mit Shoyu trocken in einer Pfanne geröstete Sonnenblumenkerne, Mandeln, Kürbiskerne, Edamame[2], Studentenfutter (besonders gut wenn es mit dunklen, großen Rosinen gemacht ist), Macadamias, Mandarinen, Chia[3], gekochtes Getreide wie Gerste, Perlgerste, Graupen, Weizen, Roggen, Hirse, Reis in allen Sorten, Bulgur, Nudeln, eingelegte getrocknete Tomaten, Auberginen, Hummus[4], Baba Ganoush[5], Tahini (arabische Pasten), Nussmuse wie Erdnuss-, Hasel-, Mandel- oder Cashewnussmus, Wasabi, eingelegter Rettich, Linsen, Schwarze Bohnen, Rote Bohnen, Sushi, Avocados, Mandel-, Hafer- und Cashew-Milch, Schnippelbohnensuppe, Selleriesalat, Tofu, Tempeh[6], Seitan[7]. Torten mit Sojaschlagsahne. Elkes Kuchenheimer Haferflocken-Plätzchen, hergestellt mit Sojajoghurt, Hafersahne, Sojakäse, Cashewkäse, Nusskäse, vegetarische Brotaufstriche, Hefepaste, Umeboshi[8] Paste, Reiskekse, die ganz vielen leckeren Fleischalternativen, die ich alle probiere, sobald ich sie entdecke und noch so viel mehr. Das Universum der unendlichen Möglichkeiten pflanzlicher Produkte ist genauso groß wie das tierischer Produkte.

[1] Miso ist eine dicke, fermentierte Paste, die man mit Wasser anrührt, um leckere Suppen daraus zu basteln.

[2] Gekochte gesalzene grüne Sojabohnen als Snack. Sie werden meist aus der Schale heraus gegessen.

[3] Saat aus Südamerika, ähnlich Leinsaat. Eine der reichsten pflanzlichen Quellen für Omega 3 und 6.

[4] Creme aus Kichererbsen, traditionell aus dem Nahen Osten.

[5] Creme aus gerösteten Auberginen, ebenfalls traditionell aus dem Nahen Osten.

[6] Traditionelles fermentiertes Sojaprodukt aus Indonesien.

[7] Deftiges sehr eiweißreiches und fettarmes Weizenprodukt.

[8] Japanische marinierte Salz-Pflaumen.

Wie bekommen Sie Tofu in Ihr Leben und wie bekommen Sie Leben in Ihren Tofu?

Übrigens ganz generell: Haben Sie keine Angst, wenn Sie ab und zu mal was vegetarisches essen, Sie werden nur noch in Ausnahmefällen verhaftet, selbst Bayern und Baden-Württemberg akzeptierten vegetarisches Essen ziemlich tapfer, ungefähr genauso wie etwa die Schwulenehe. Bei einer Geschäftsreise habe ich einst an einer Pension in Landau an der Isar geklingelt und gefragt, ob sie zum Frühstück auch ein bisschen Obstsalat und Müsli für mich hätten. Das ginge, sagte man mir etwas einsilbig.

Tofu – Es ist Liebe!

TOFUISMUS NO. 38

Ich musste zwar im Voraus zahlen, aber am nächsten Morgen gab es immerhin neben der monströsen Schlachtplatte auch ein Schüsselchen für mich. Danke Bayern. Danke Landau an der Isar. Ob man heutzutage bei der Bundeswehr was vegetarisches kriegt, weiß ich nicht, aber fragen kann man ja mal. Kann schließlich nicht schaden, wer fragt, der führt.

Zurück zum Tofu. Suchen Sie sich im Kühlregal Ihres Lieblingsladens ein schönes, festes Stück Biotofu aus. In der Küche schnappen Sie sich ein Messer, packen den Tofu bei den Hörnern und schnippeln ihn klein. Probieren Sie ihn. Er hat eine angenehme Konsistenz und einen milden Geschmack. Schneiden Sie ihn in Scheiben, in Rechtecke, in Steifen, in Dreiecke oder in klitzekleine Würfelchen. Tofu ist leicht zu verarbeiten. Braten Sie die kleinen Stückchen mit Olivenöl an. Er bekommt eine schöne hellbraune Kruste und ganz leicht gesalzen ist das vielleicht Ihr allererstes Tofu-Rezept. Wer eine feste Konsistenz mag, kann einen Trick anwenden und die frittierten Tofuwürfel zuerst auf Küchenrolle abtropfen und dann ein zweites Mal frittieren. Sie können ihn auch sehr gut mit Sojasauce und einem Schuss Balsamico in der Pfanne ablöschen. Ablöschen im Wok oder der Pfanne ist eine gute Methode, um das Produkt lecker und interessant zu machen. Tofu können sie kneten und mit Haferflocken, etwas Wasser, Gemüsen und Gewürzen zu Frikadellen formen und in der Pfanne braten oder im Ofen ausbacken. Sie können ihn panieren, pürieren, backen, trocknen, grillen, füllen, sautieren und all das veranstalten, was Ihnen sonst noch einfällt.

Legalize Tofu!

TOFUISMUS NO. 40

Tofu, den Sie nicht sofort verbrauchen, kann für einen Tag in Fettpapier eingeschlagen im Kühlschrank aufbewahrt werden. Danach sollten Sie ihn in einer Schale mit Wasser lagern, das Sie täglich wechseln. Räuchertofu grundsätzlich nur einfach in Papier einschlagen, er hält einige Tage im Kühlschrank durch. Räuchertofu ist ein tolles Einsteigerprodukt und schmeckt auch kalt hervorragend, aber natürlich auch gerne angebraten. Tofu können Sie auch kalt essen und in süßen Speisen verwenden. Er muss übrigens nicht gegart werden, sondern ist sofort verzehrfertig.

Von den Nährwerten her eignet sich eine Kombination von Tofu, Getreide und Gemüse in einer Mahlzeit.

Einige Kochbücher behaupten, Tofu könne man gut marinieren. Stimmt nicht so ganz, er nimmt Marinaden nicht gut auf, weil er selber so viel Wasser enthält. Wenn marinieren, dann würfeln und in wirklich kräftigen Saucen wie etwa in Shoyu-Sojasauce oder purem Olivenöl mit viel Knoblauch und nach dem Marinieren dann kräftig anbraten und die Marinade für Saucen verwenden. Den Tofu in der Pfanne mit leckeren Saucen abzulöschen, ist die bessere Methode. Wenn Sie Tofu marinieren möchten, schlage ich vor, ihn einzufrieren und dann wieder aufzutauen. Er bekommt dann eine faserige, schwammige aufsaugende Konsistenz und Sie können das Restwasser herausdrücken und das Tofustück danach sehr gut in Marinaden einlegen, es saugt sie förmlich auf. Tiefgefrorener Tofu ist eine eigene Spezialität.

TOFU FACT NO. 3 Erhöhte Cholesterinwerte können zahlreiche Gesundheitsprobleme verursachen. Mediziner empfehlen: Reduzieren Sie in Ihrer Ernährung gesättigte Fettsäuren und Cholesterin, treiben Sie täglich 30 bis 60 Minuten Sport und achten Sie auf Ihr Körpergewicht. Cholesterin kommt ausschließlich in Lebensmitteln tierischen Ursprungs vor. Rein pflanzliche Lebensmittel, wie die Spezialitäten von Viana, sind deshalb garantiert 100 Prozent cholesterinfrei.

Tofu braucht Sojasauce in etwa so wie Pommes Frites Mayonnaise oder Ketchup. Suchen Sie sich ein mildes Shoyu und ein kräftigeres Tamari aus und experimentieren Sie damit. Sojasaucen gibt es in vielen Variationen in Asia-Märkten, Bioläden, aber inzwischen auch in vielen normalen Supermärkten. Es gibt sie auch leicht süß, dann heißen sie Ketjap.

Guten Appetit! Finden Sie was Neues raus!

Tofu hurts NoBody

TOFUISMUS NO. 41

Soyastern-Tofurei in
Siegburg, 1982

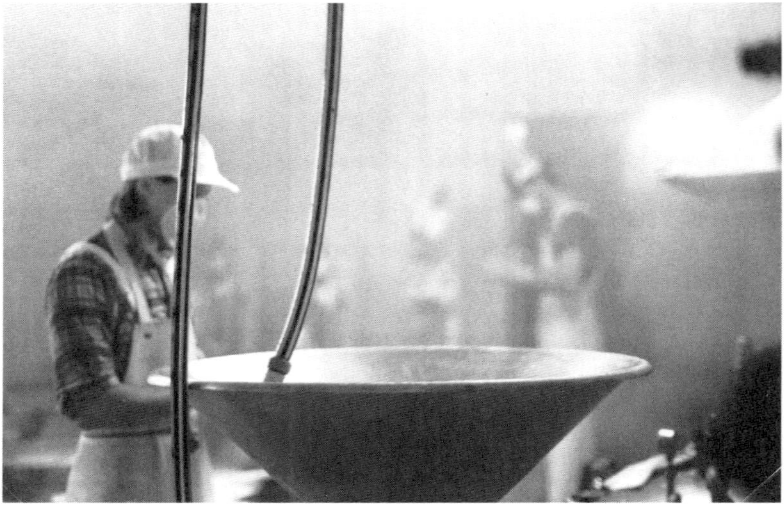

Tofuproduktionen, 1985

Soyastern-Broschüre, 1981

Soyastern

Tofu – die Eiweißquelle der Zukunft? Tofu ist ein Bearbeitungsprodukt der Sojabohne. Unter den unverarbeiteten pflanzlichen und tierischen Nahrungsmitteln nimmt diese bekanntlich eine herausragende Stellung ein: Mit 35–38% besitzt sie den höchsten Eiweißgehalt. Daß die Sojabohne sich aber auch zu einem so schmackhaften und vielseitigen Nahrungsmittel wie Tofu verarbeiten läßt, wissen bei uns z. Z. noch wenige. Anders ist die Situation in Amerika und einigen unserer westlichen Nachbarländern. Dort wird Tofu allmählich als interessantes Nahrungsmittel entdeckt und zunehmend nachgefragt. Das hat gute Gründe.

Tofu ist reich an hochwertigem Eiweiß

Zwei Faktoren: Quantität und Qualität bestimmen den Eiweißwert jeder Nahrung. Biologisch wertvoll nennt man den Nettoanteil des Eiweißes, welcher tatsächlich vom Körper verwertet werden kann. Tofu ist ein Produkt mit hoher Netto-Protein-Verwertung. Sein NPV-Wert ist der höchste aller Sojaprodukte und aller Mitglieder der eiweißreichen Hülsenfruchtfamilie. Tofu ist reich an hochwertigem Eiweiß, denn die Sojabohne ist unter den Hülsenfrüchten die einzige mit „vollständigem Protein": Sie enthält sämtliche der acht essentiellen Aminosäuren.

Tofu ist ein kräftiger Eiweißverstärker

Tofu ist ideal dazu geeignet, Proteine zu kombinieren. Mit Lysin enthält er eine essentielle Aminosäure, die in vielen Getreideprodukten fehlt. Diese besitzen dagegen reichlich die schwefelhaltigen Aminosäuren Methionin und Zystin, die in der Sojabohne weniger vorkommen. So können sich Soja- und Getreideproteine gut ergänzen. Mehr noch: Durch die Kombination von Tofu und einer Getreidespeise im richtigen Verhältnis läßt sich zusätzlicher Nährwert schaffen. Der NPV-Wert einer solchen Mahlzeit ist höher, als wenn man die einzelnen Bestandteile separat zu sich nehmen würde.

Tofu gibt Dir den Sinn zurück

TOFU

Tofu enthält wenig Kalorien, wenig gesättigte Fettsäuren und kein Cholesterin

Was Tofu unter allen anderen eiweißreichen Nahrungsmitteln auszeichnet, ist einmal sein geringer Gehalt an Kalorien und gesättigten Fettsäuren und zum anderen das gänzliche Fehlen von Cholesterin. Tofu eignet sich also auch als Diätnahrung. Eine übliche Portion von 230 g enthält nicht mehr als 147 Kalorien. Bei einem gleich schweren Stück Rindfleisch liegt der Kalorienwert um das Vier- bis Fünffache höher. Das Verhältnis von Kalorien zu Proteinen ist beim Tofu außerordentlich günstig.

Tofu ist reich an Vitaminen und Mineralien

Kalzium, ein Mineral, das für gesunde Zähne und einen gesunden Knochenbau unerläßlich ist, wird von Tofu in reichlichem Maß geliefert. Außerdem enthält Tofu andere Mineralstoffe wie Eisen, Phosphor, Kalium und Natrium, die Vitamine B1, B2, B3 und das fettlösliche Vitamin E.

Tofu ist ein bewährtes Nahrungsmittel

Es wäre falsch, das Argument der Erfahrung und Bewährung neben allen Nährwerttabellen zu unterschlagen. Erfahrungen, die die Menschen über lange Zeiträume in ihrer Ernährung gesammelt haben, werden heute durch die Wissenschaft weniger überholt als ergänzt. Es ist kein Zufall, daß jahrhundertelang in allen Erdteilen Kombinationen von Getreide und zubereiteten Hülsenfrüchten die Grundnahrung gebildet haben. Die Sojabohne und speziell ihr Verarbeitungsprodukt Tofu wird im Fernen Osten schon seit Hunderten von Jahren gegessen. In China reicht die Tofugeschichte gar über 2000 Jahre zurück. Das spricht für sich.

Tofu von Soyastern – biologisch und ohne Konservierungsmittel

Soweit es in unserer Macht liegt, berücksichtigen wir alles Nötige, um dem Tofu die beste Qualität zu geben. Die für den Soyastern-Tofu verwendeten Sojabohnen sind, wie man erwarten sollte, biologisch angebaut. Das Gerinnungsmittel ist aus magnesiumreichen Meersalz gewonnen. Da auch die Qualität des Wassers eine wichtige Rolle spielt, haben wir für die Herstellung unseres Tofus einen Standort ausgesucht, der unseren Anforderungen entspricht. Der frisch ausgelieferte und auch der abgepackte Tofu wird hergestellt, wie ihn jeder selbst zu Hause für den unmittelbaren Gebrauch herstellen würde: frei von allen Konservierungsmitteln. Die Verpackung von Lebensmitteln stellt normalerweise ein Problem dar, sowohl hinsichtlich der Qualität der Ware als auch möglicher Umweltbelastung. Zum Glück ergibt sich ein solches Problem für den Frischtofu (in Eimern) nicht. Dafür gilt es aber, einige Regeln für die Behandlung des Tofus zu beachten.

Haltbarkeit

Wegen seiner leichten Verderblichkeit sollte der Tofu kühl – möglichst im Kühlschrank – aufbewahrt werden. Nach dem Öffnen der Folie bzw. des Glases sollte der Tofu im Wasser aufbewahrt werden, das täglich zu wechseln ist. In Wasser gelagert wird man den Tofu so ohne weiteres vierzehn Tage aufbewahren können. Bei unsachgemäßer Behandlung setzt er dagegen bald eine gelbliche Schicht an. Das muß nicht bedeuten, daß er gar nicht mehr zu genießen ist. Sofern von dieser Verfärbung nur die Oberfläche betroffen ist, läßt sich diese leicht wegschneiden. Der Rest sollte dann aber bald zubereitet werden. Womit wir zum letzten und vielleicht wichtigsten Punkt kommen: die Zubereitung:

Zubereitung und Rezepte

Hier gilt die triviale Feststellung: Tofu schmeckt so gut, wie er zubereitet wird. Seiner Verwendbarkeit sind keine Grenzen gesetzt, sein feiner Geschmack erlaubt es, ihn mit den verschiedensten Speisen zu kombinieren. Man kann ihn als Süßspeise, quarkähnlich zubereitet oder herzhaft gewürzt servieren. Er läßt sich marinieren, panieren und braten, fritieren oder gefüllt überbacken. Schließlich kann man Tofu pürieren und daraus Mayonnaise, Soßen, sahneartige Zubereitungen oder Früchtedesserts herstellen. Nachfolgend einige Grundrezepte, die sich beliebig variieren lassen:

Broschüren mit Comics

Rezeptvorschläge

1. Seitan mit Sauerkraut

2 Tassen in Scheiben geschnittenes Seitan
1 Tasse Sauerkraut, 1/2 Tasse Sauerkrautsaft

Seitan und Sauerkrautsaft in einem Topf ca 5 Minuten kochen. Anschließend das Sauerkraut auf den Seitan legen und für weitere 5 Minuten köcheln lassen. Zum Schluß mit frischen Lauch-[…]iebeln garnieren und servieren. Dazu schmeckt […]eis oder ein anderes Getreide.

2. Seitan mit Vollkornspätzle

250 g Vollkornspätzle
200 g kleingeschnittener Seitan
2 große kleingeschnittene Zwiebeln
evtl. etwas Pfeilwurzelmehl oder Kuzu zum Abbinden, 3 EL Sojasauce, wenns gefällt
eine 1/2 Tasse Rotwein, etwas Öl, etwas Wasser

Zwiebeln anbraten und wenn sie glasig sind, den Seitan dazugeben. Ca. 10 Minuten auf kleiner Flamme braten, dann mit Sojasauce, Wasser und Rotwein ablöschen. Noch ca. 5 Minuten weiter […]cheln und bei Bedarf mit, in kaltem Wasser […]gerührtem, Pfeilwurzelmehl binden. Zu den Vollkornspätzle als Sauce reichen.

3. Seitan Süß-Sauer

400 g VIANA-Seitan, 2 Tassen Apfelsaft
4 EL Reisessig, 3 mittelgroße Möhren
2 Stangen Lauchzwiebeln, 4 EL Sojasauce

Seitan, Möhren und Lauchzwiebeln kleinschneiden und zusammen mit den anderen Zutaten in einem Topf ca. 20 Minuten kochen.

VIANA

4. Seitan Spießchen

400 g VIANA-Seitan
1 frische rote Paprika, 2 große Zwiebeln,
2 Möhren, 2 EL Pfeilwurzelmehl oder Maisstärke
5 EL Weizenvollmehl, Meersalz, scharfer Paprika, Pfeffer, Öl zum Fritieren oder Braten

Seitan und Gemüsestückchen klein schneiden und abwechselnd auf Holzspieße stecken. In einer Mischung aus Pfeilwurzelmehl, Mehl und Wasser wälzen und in Öl braten oder fritieren.
Als Dip eignet sich eine Mischung aus einem Teil Wasser, einem Teil Sojasauce und etwas Ingwer oder Ingwersaft.

5. Seitanburger

200 g VIANA-Seitan, 1 Zwiebel,
1/2 Tasse Mehl, Petersilie, Sojasauce
Weizenmehl oder Paniermehl, Sesamöl

Seitan und Zwiebeln feinhacken. Mit Mehl und Petersilie mischen. Mit Sojasauce abschmecken und Bratlinge formen. In Grieß wälzen und entweder in einer eingeölten Pfanne braten oder fritieren.

Probieren Sie doch auch einmal unsere fertig verzehrbaren Seitan-Spezialitäten:

Seitan Spieß oder
Seitan Burger

VIANA

Viana Naturkost GmbH · Neusser Straße 199
5000 Köln 60 · Telefon 0221 / 73 34 37

Tempeh ein gehaltvolles Nahrungsmittel mit Perspektive.

Bei der Tempeh-Herstellung werden der Sojabohne keine Stoffe entzogen.
Alle Vitamine, Mineralien, Nähr- und Balaststoffe bleiben erhalten. (Miso und Tempeh sind übrigens die beiden einzigen traditionellen Sojaprodukte bei denen das so ist).
Die Fermentation tut ein übriges, […]d es entsteht ein vollständiges leicht verdauliches Nahrungsmittel.

Viana-Tempeh enthält:
- alle 8 essentiellen Aminosäuren
- viele Mineralien (Calcium, Magnesium, Eisen, Phosphor)
- viele Balaststoffe (z.B. mehr als Vollkornreis)
- viele Vitamine (A, B1, , B6, und sehr viel B2 etc.)
- keine Cholesterin
- 156 Kalorien in 100 g

Daneben enthält Tempeh viel Lezitin und mehrfach ungestättigte Fettsäuren, die die wichtige Aufgabe erfüllen, Cholesterin und andere gesättigte Fettsäuren, die sich in Adern und Organen bilden können, auszuscheiden.

VIANA

Viana-Tempeh in der Küche ein Hit.

1. Tempeh mit Reis oder Nudeln

200 g Viana-Tempeh
3 Tassen klein geschnittenes Gemüse (z.B. Zwiebeln, Lauch, Möhren etc.)
2 Knoblauchzehen (wer mag)
1 Tasse Wasser
1/2 Tasse Sojasauce
1/2 Tasse Sojadrink oder Sahne
2 Eßlöffer Erdnußmus

Tempeh würfeln und jede Seite 3 - 5 Minuten anbraten (knusprig braun). Das Gemüse hinzugeben und nochmal 10 Minuten auf kleiner Flamme weiterbraten. Mit Wasser, Sojasauce, Sojadrink und Erdnußmus ablöschen und einige Minuten köcheln lassen. Mit Gewürzen Ihrer Wahl abschmecken. Köstlich!

2. Tempehfondue

Pro Person 200 g Tempeh würfeln und ca. 3 Minuten lang fritieren. In Saucen Ihrer Wahl eintunken und genießen!

Viana-Tempeh-Produkte ein vielseitiger Genuß! Probieren Sie in Ihrem Naturkostladen:
- fritierten Tempeh
- Tempeh-Pastete
- Tempeh-Burger
- Tempeh-Algensalat
- Tempeh-Salat pikant

einfach lecker!

VIANA

Viana Naturkost GmbH · Neusser Straße 199
5000 Köln 60 · Telefon 0221 / 73 34 37

[…]on Viana-Tempeh.

[…] aus kontrolliert biologischem […]er Nacht in Trinkwasser […] Am nächsten Morgen […]ngekocht und mit einer Edelpilz-Kultur vermischt.

[…]ius lassen wir diese Mischung […]mer reifen. Nach 24 Stunden […]he Viana-Tempeh fertig.

Diesem Veredelungsprozeß, den man auch Fermentation nennt, verdankt Tempeh viele seiner Vorzüge.
Fermentationen, das weiß man auch bei uns schon seit Jahrhunderten, machen Nahrungsmittel leichter verdaulich und erhöhen ihre geschmacklichen und ernährungsphysiologischen Werte.
Sauerkraut (fermentierter Weißkohl) ist nur ein bekanntes Beispiel dafür.

VIANA

Biomesse Frankfurter Körner Kongress (FKK), 1983

Less meat – More Plants – More Planet

TOFUISMUS NO. 42

Rezepte mit Tofu, Räuchertofu und Sojamilch

Feldsalat mit gerösteten Räuchertofu-würfelchen

Ein tolles sehr einfaches Rezept, das ich von meiner netten Lieblingsschwiegermutti geklaut habe.

Zutaten
Eine Schale Feldsalat
250 g Räuchertofu
3 mittelgroße Zwiebeln
Olivenöl zum Braten

Für das Dressing
1 EL Distelöl
¼ TL Salz
1 TL Zucker
6 EL Soja Cooking Cream oder Sojasahne (nicht süß)
1 EL Balsamico Essig

Zubereitung

- Feldsalat waschen.
- Dressing in einem Glas anrühren und anschließend über den Feldsalat geben.
- Fertig ist die Laube.

Tipp: Den fertigen Salat nicht zu viel umrühren, sonst fällt er zusammen.

Multikulti Power Tofu

Bali meets Bayern oder Seehofer liebt Erdnuss. Das Rezept liest sich komplizierter als es ist.

Zutaten für 4 Portionen

1 Beutel Biosauerkraut (Füllmenge ca. 500 g)

300 g Biotofu

1 Ingwerknolle

1 Knoblauchzehe

2–4 EL Shoyu (oder andere Sojasauce)

4 EL Sesamöl oder Erdnussöl

½–1 TL Sambal Olek (indonesische Würzpaste)

3 Biolauchzwiebeln

400 g Biomöhren

1 rote und 1 gelbe Paprikaschoten

1 TL Kreuzkümmel

Zucker

100 g Erdnüsse

1 TL Weinessig

Zubereitung

- Das Sauerkraut etwas ausdrücken, abtropfen lassen und dabei den Saft auffangen.
- Den Tofu würfeln.
- Den Ingwer schälen und ganz fein hacken.
- Den Knoblauch schälen und ganz fein hacken.
- Marinade herstellen aus dem Sauerkrautsaft, zwei Eßlöffeln Sojasauce, der Hälfte des Sesamöls, dem Sambal Olek (scharf!) und der kleingehackten Knoblauchzehe. Gut umrühren.
- Den Tofu in dieser Marinade ziehen lassen.
- Die Lauchzwiebeln kleinschneiden.
- Die Möhren stifteln.
- Die Paprikaschoten in Streifen schneiden.
- Den Tofu abtropfen lassen, die Marinade aufheben.
- Das restliche Öl in einer großen Pfanne oder im Wok erhitzen und den Tofu darin von allen Seiten braten. Gleichzeitig die Möhren hinzugeben.

- Die Lauchzwiebeln und die Erdnüsse dazugeben.
- Aufgehobene Marinade mit Kreuzkümmel und Essig hinzugeben.
- Auf kleiner Flamme fünf Minuten köcheln lassen.
- Einer Prise Zucker und den Rest Sojasauce hinzugeben, und wer mag noch mit etwas Sambal Olek abschmecken.

Tipp: Dazu passen Reis oder Kartoffeln.

Blumenkohl-Curry mit Tofu

Ein Rezept aus Indien. Inder lieben Blumenkohl und Erbsen sowie die Kombination aus Ingwer und Curry. Etwas aufwändig, aber absolut lecker. Ein ideales Festessen.

Zutaten für mindestens 4 Portionen

1 Stück Blumenkohl, groß
500 g Kartoffeln
3 Zwiebeln
2 Knoblauchzehen
20 g Ingwer, frisch geraspelt
3 dicke Fleischtomaten
2 Chilischoten, rot
150 g grüne Erbsen
3 EL Sojaöl
½ TL Fenchelsamen
½ TL Senfkörner
½ TL Kreuzkümmel, ganz
½ TL Kurkuma
½ TL Kreuzkümmel, gemahlen
1 TL Paprika, edelsüß
Salz, Pfeffer aus der Mühle
1 Glas Gemüsebrühe, 3 Würfel oder Teelöffel
100 ml Sojamilch
1 Sojajoghurt
½ Bund Koriander, frisch
600 g Tofu (2 Stück)
1 EL Rohrohrzucker
4 Spritzer Zitronensaft
4 Spritzer Shoyu (Sojasauce)
3 EL Mehl
3 EL Mandelplättchen
3 EL Semmelmehl
Meersalz
Pfeffer
Olivenöl zum Braten
Basmatireis
Etwas schwarzer Sesam

Zubereitung

- Blumenkohl in kleine Röschen teilen, gründlich waschen. Kartoffeln und Schalotten schälen, halbieren, in Scheiben schneiden.
- Ingwer und Knoblauch schälen, sehr fein hacken. Chilischoten längs halbieren, Kerne unter fließendem Wasser entfernen. Fruchtfleisch in feine Streifen schneiden.
- Tomaten klein schneiden und in Ovilvenöl andünsten sowie mit Meersalz und Pfeffer abschmecken.
- Tofu in 1–1,5 cm dicke Scheiben schneiden.
- Basmatireis nach Anweisung kochen.
- In einem Bräter mit großflächigem Boden das Öl erhitzen. Darin Senfkörner, Fenchelsamen und ganzen Kreuzkümmel anrösten, bis sie ihr Aroma freigeben.
- Knobi, Schalotten, Kartoffeln und Blumenkohlröschen 5 Minuten goldgelb anbraten. Chilistreifen dazugeben.
- Jetzt Ingwer und die anderen Gewürze hinzufügen, weitere 3 Minuten braten. Ständig rühren.
- Gemüsebrühe aufgießen, so dass das Curry gerade bedeckt ist. 15–20 Minuten sachte köcheln, Gemüse soll bissfest bleiben.
- Noch einmal abschmecken, angedünstete Tomaten und TK-Erbsen dazugeben, noch einmal kurz aufkochen.
- Tofuscheiben mit einer Mischung aus Sojasauce, Zitronensaft und Rohrohrzucker bestreichen. In Mehl, Sojamilch und einer Mischung aus Semmelmehl und Mandelplättchen panieren. Panade fest andrücken, in reichlich Sojaöl goldbraun braten. Mittlere Hitze wählen, Mandeln verbrennen sehr schnell.
- Das Curry wird im Topf serviert, vorher jedoch mit etwas Sojajoghurt anquirlen und mit Koriandergrün bestreuen.
- Tofuschnitzel separat servieren.
- Basmatireis mit Hilfe von runden Tassen formen und auf einem Teller mittig anrichten. Etwas schwarzen Sesam drüberstreuen.
- Das Curry um den Reis herum anrichten.

Tofu-Schaschlik

Frittierter Tofuspieß mit einem leckeren Bohnen-Möhren-Mais-Paprika-Zucchini-Ratatouille auf Reis. Frittierte Tofuwürfel sind sehr, sehr lecker und passen zu vielen Gerichten. Der Tofu wird durch das Frittieren schön knusprig und bekommt eine gute Beschaffenheit.

Zutaten für 4 Personen

200 g Vollkornreis (Rundkorn, Langkorn oder Basmati)
2–3 Zwiebeln
1 Stange Frühlingszwiebeln
Viel Erdnussöl
1 mittlere Dose Kidneybohnen
1 mittlere Dose Riesenbohnen
1 Zucchini
2 Möhren
1 kleine Dose Mais
1 kleine Dose Paprika
300 g Tomatenmark
2–3 Tassen Wasser
2 TL Currypulver
1 TL Paprika (scharf) oder ein paar Spritzer Tabasco
300 g Tofu
3 TL Rohrohrzucker
Prise Salz
Etwas Küchenpapier
Lange Schaschlik-Spieße

Zubereitung

- Reis am besten vorher waschen und dann 2 Tassen Reis und 4–5 Tassen Wasser in einen kleinen Topf geben, noch eine Prise Salz dazu und dann den Reis aufkochen lassen, Deckel auf den Topf und auf die kleinste Stufe stellen. Vollkonreis ist nach ca. 50 bis 60 Minuten fertig. Bei weißem Basmati Reis bitte auf die Packung gucken. Er geht sehr viel schneller. Wenn nötig zum Schluss noch etwas Wasser nachschütten.
- Ist der Reis fertig gekocht, mit einem Esslöffel den Reis in die Tassen drücken und dann mittig auf einen Teller stürzen. Wer möchte kann noch etwas Sesam drüberstreuen. Sehr schick ist schwarzer Sesam. Auch Petersilie macht sich zum Drüberstreuen sehr gut.

- Während der Reis kocht, das Gemüse herrichten. Zwiebeln schälen, halbieren und in Halbringe schneiden.
- Zucchini waschen und in Hälften schneiden.
- Möhren kleinwürfeln.
- Frühlingszwiebeln schneiden.
- 300 g Tomatenmark mit 3 Tassen Wasser mischen und dazu 4 Teelöffel Rohrzucker, 2 Teelöffel Curry und 1 Teelöffel scharfes Paprikapulver geben, noch einen Teelöffel Salz und alles gut in einem Küchenmixer pürieren.
- Das Öl in eine Pfanne geben und die Zwiebeln mit den Frühlingszwiebeln, den Möhren und den Zucchini ca. 5 Minuten anbraten. Die beiden Dosen Mais und Paprika in ein Sieb schütten und abtropfen lassen. Den Saft aufbewahren.
- Jetzt die Bohnen und die Sauce gemeinsam mit dem Abtropfsaft zu dem anderen Pfanneninhalt geben und alles ca. 5 Minuten köcheln lassen.
- Dann den Tofu frittieren. Zum Frittieren braucht man viel Öl. Ca. 3–4 Zentimeter hoch in eine Pfanne schütten und das Öl auf hohe Stufe erhitzen.
- Tofu in 2×2 oder 3×3 Zentimeter große Würfel schneiden.
- Die Tofuwürfel ca. 5–6 Minuten im heißen Öl frittieren.
- Die Würfel mit einem Sieb aus dem Öl herausfischen und auf Küchenpapier abtropfen lassen.
- Ein wenig Salz darüber streuen. Die Tofuwürfel haben ein appetitliches, knuspriges Braun als Farbe. Wer was Festes zwischen die Zähne haben will, kann die fertigen Würfel ein zweites Mal, diesmal etwas kürzer, frittieren. Sie werden dann richtig schön zäh.
- Tofuwürfel auf Holzspieße stecken und zusammen mit dem Gemüse und dem Reis reichen.

Tipp: Bevor man den Reis kocht, kann man ihn ein paar Minuten im trockenen Topf anrösten. Das gibt ein schönes Aroma.

Tofu Gado Gado

Ein ganz leckeres Rezept aus Indonesien mit einer dicken Erdnusssauce.

Zutaten für 4 Portionen

100 g dünne Bohnen

100 g Mungo- oder Sojabohnensprossen

100 g Spinat

¼ eines kleinen Kohlkopfes, geschnitten

2 Möhren, gestiftelt

300 g Tofu, in langen Streifen geschnitten

2 EL Schalotten, bzw. rote Zwiebeln

Etwas Erdnussöl

2 Tassen Hirse

Für die Erdnuss-Sauce

500 g frittierte Erdnüsse oder 300 g Erdnussmus

4 Zehen Knoblauch, geschält

10 kleine Chilischoten, geschnitten

3 Stücke Kencur (8 cm groß), geschält und gehackt

3 Limettenblätter

125 ml süße Sojasauce

2 TL Salz

1,5 l Wasser (nach und nach hinzufügen)

3–4 Zwiebeln

1 EL Limetten- oder Zitronensaft

Mehrere EL Rohrohrzucker

Etwas Salz

Zubereitung

- Die Hirse nach Anleitung kochen.
- Die geschnittenen Gemüse blanchieren, sprich in bereits kochendem heißem Wasser ca. 2–3 Minuten überbrühen. Mit den Möhren anfangen, dann den Kohl und zum Schuss den Spinat nehmen.
- Vorher in einem Wok das Erdnussöl erhitzen.
- Dann den Tofu und die geschnittenen Schalotten hineingeben und nach 1–2 Minuten alle anderen Zutaten hinzufügen. Das Gemüse zum Schluss. Das Ganze nicht mehr als 5 Minuten im heißen Wok lassen und kräftig umrühren. Das Gemüse sollte noch schön knackig sein.

- Alle Zutaten der Erdnuss-Sauce in einem Küchenmixer pürieren. Wenn Sie Erdnussmus anstatt frittierter Erdnüsse nehmen, können Sie, um die Sauce crunchiger zu machen, ein paar vorher frittierte Erdnüsse zerstoßen und hinzufügen.
- Die Sauce unter ständigem Umrühren kochen. Sie wird sehr schnell dick und backt leicht an! Fügen Sie nach Belieben Wasser hinzu.
- Hirse, Wokgericht und Sauce auf den Tellern anrichten.

Tipp: Stellen Sie stilles Wasser auf den Tisch, das Resultat ist scharf und mächtig.

Sweets Apricots – Süße Winter-Aprikosenklöße

Ein gesunder Nachtisch, der erfrischt und nicht zu schwer im Magen liegt.

Zutaten für 20 Klöße

20 nicht zu große Aprikosen
300 g Naturtofu
Etwas Soyatoo! Sojaschlagsahne
300 g Weizenmehl
100 g Grieß
Zucker
Prise Salz
20 Würfelzucker
Semmelbrösel
Leckere Margarine

Zubereitung

- Tofu mit der Sojasahne zu einer »quarkähnlichen« Masse auf höchster Stufe pürieren.
- Mehl, Grieß, Prise Zucker und Salz dazugeben und zu einem »schönen« Teig kneten.
- Aprikosen waschen und entkernen (große Aprikosen halbieren).

- Teig in 20 Portionen einteilen.
- Ein Stück braunen Würfelzucker in die Aprikose legen (wer nicht ganz so süß drauf ist kann den Zucker auch weglassen). Teigstück rund und flach formen und damit die ganze Aprikose einschließen.
- Klöße in kochendes Wasser geben (großer Topf). Solange kochen, bis die Klöße oben schwimmen (ca. 8 Minuten) und mit einem Sieb rausnehmen.
- Während der Kochzeit Margarine in einem kleinen Topf zerlassen.
- In einem Schälchen Zucker und Semmelbrösel mischen.
- Klöße auf dem Teller zerteilen, Brösel-Mischung weihnachtlich darüber streuen und die zerlassene Margarine darüber geben. (Wenig-Fett-Fans können die Margarine natürlich weglassen, dann ist es ein super schöner kalorienarmer Dessert Snack)

Tipp 1: Wer mag, kann *Soyatoo!* Soja-Schlagsahne auf die Klöße sprühen.
Tipp 2: Tofu enthält alle essentiellen Aminosäuren. Tofu ist relativ fettarm. Tofu wirkt basisch auf Ihren Körper, Sie können ihn deswegen auch gut in gesunden süßen Gerichten verwenden.

TOFU FACT NO. 1 Wussten Sie, dass für die Erzeugung von einem einzigen Kilo Fleisch 20.000 Liter wertvolles Trinkwasser verbraucht werden? Das ist ein ganzer Swimmingpool! Ein Kilo Viana Veggie Hack oder Viana Tofu braucht nur ca. 11,5 Liter Trinkwasser.

Tofu Bolognese auf Spaghetti

Ein leckeres schnelles Gericht, auch gut geeignet für Kinder

Zutaten für vier gute Portionen

400 g Spaghetti
300 g Tofu
Frischen Oregano
2 Zwiebeln
1 Zehe Knoblauch
1/2 Stange Lauch oder ein paar Stangen Frühlingszwiebeln
Olivenöl
1 EL Gemüsebrühe
Majoran und Paprika Pulver
Tomatenmark
1 gr. Dose geschälte Tomaten
Etwas Rohrohrzucker
Ein Schuss Balsamico
Etwas Shoyu-Sojasauce
Salz und Pfeffer

Zubereitung

- Tofu mit einer Gabel zerdrücken und mit Salz und Oregano würzen und gut durchmischen.
- Zwiebel schälen und fein würfeln, den Lauch ebenso.
- Knoblauch fein hacken oder pressen.
- Öl in einer Pfanne mit hohem Rand erhitzen.
- Zwiebeln, Lauch und Knoblauch darin anbraten.
- Den Tofu zugeben und das Ganze unter ständigem Umrühren anbraten. Mit Gemüsebrühe, Majoran, Pfeffer und Paprika würzen.
- Tomatenmark (nach Geschmack) und geschälte Tomaten hinzufügen.
- Bei geringer Hitze mindestens 10 Minuten köcheln lassen.
- In der Zwischenzeit die Nudeln in reichlich Salzwasser bissfest kochen. Die Bolgnesesauce nochmal abschmecken mit Balsamico, Rohrohrzucker und Shoyu-Sojasauce.

Tipp: Dazu passt ein frischer Salat.

Gyros Komplett

Für alle, die ab und zu Junkfood brauchen. Schnell und unkompliziert. Mächtig und genau das Richtige für einen Hungerwinterabend.

Zutaten für 4–6 Personen

2 Packungen vegetarisches Gyros aus dem Bioladen (= 400 g)

500 g Backofenfritten

Große Zwiebeln (gerne rot)

Fertiger Krautsalat

Schwarze Oliven

Olivenöl

Für das Zaziki

400 g Soya-Joghurt

50 g Soya Cooking Cream (geht auch ohne, dann entsprechend mehr Yoghurt)

3 EL Olivenöl

2 EL Essig (z. B. Balsamico Bianco) oder einen guten Schuss der hellen Flüssigkeit aus dem fertigen Krautsalat

3–4 Knoblauchzehen (ausgedrückt)

Kräutersalz

Zubereitung

- Backofenfritten nach Anweisung backen.
- Alle Zutaten des Zazikis zusammenrühren und etwas ziehen lassen.
- Gyros in Olivenöl kräftig anbraten.
- Große Zwiebeln in dünne ganze Ringe schneiden.
- Krautsalat öffnen und auf die Teller anrichten.
- Fritten, Zaziki und Gyros dazugruppieren.
- Oliven auf das Zaziki legen.
- Auf das Gyros die rohen Zwiebelringe platzieren.

Tipp: Auch hier viel Wasser auf den Tisch stellen. Vorsicht bei der Kommunikation anschließend. Die Kombination von rohen Zwiebeln und Knoblauch ist gefährlich für Menschen, die Sie anatmen. Am besten eine Woche niemanden mehr anrufen.

Tofurührei mit Speck und Zwiebeln

Ein leckeres, schnelles Rezept für einen Brunch oder ein herzhaftes Frühstück.

Zutaten

300 g Tofu Natur
Etwas Wasser
1 TL Kurkuma
1 Bund Schnittlauch
2–3 rote Zwiebeln
200 ml ungesüßte Sojamilch
200 g Räuchertofu
Oliven- oder Sonnenblumenöl
Pfeffer und Kräutersalz
Etwas Schoyu Sojasauce
Etwas Worchestersauce

Zubereitung

- Räuchertofu in sehr kleine Würfelchen schneiden.
- Zwiebeln schälen und klein schneiden.
- Schnittlauch klein schneiden.
- Tofu zerdrücken und die ungesüßte Sojamilch hinzugeben, es geht auch mit Wasser oder etwas Soja Cooking Cream oder Sojasahne mit Wasser vermischt.
- Kurkuma hinzugeben bis es gelb wird. Wer kein Kurkuma zur Hand hat, nimmt Currypulver. Es schmeckt dann etwas anders und das Ergebnis ist indisches Tofurührei.
- Öl oder Margarine in der Pfanne erhitzen und den Räuchertofu und die Zwiebeln hinzugeben. Das Ganze etwa 3–5 Minuten schön durchbraten.
- Das Tofugemixe dazugeben und 2–5 Minuten brutzeln. Wenn es zu trocken ist noch etwas Wasser hinzufügen.
- Salzen, pfeffern und servieren.
- Auf dem Teller kann man noch etwas Worchestersauce und/oder Shoyu darüberträufeln.

Tipp: Viel leichter und leckerer als das Original. Da wird der schwere Sonntagsspaziergang zum leichten, lockeren Jogging. Sehr eiweißreich.

Häflis (Soja Yoghurt Plätzchen)

Elkes Kuchenheimer Haferflockenplätzlichen. Das Originalrezept ist von der ganz lieben Elke geklaut und veganisiert (rein pflanzlich gemacht) und so noch viel leckerer. Es klingt ganz einfach, ist es auch und die Plätzchen sind eine absolute Droge. Schmeckt wirklich jedem und sind schnell weg.

Zutaten

500 g Kernige Bio-Haferflocken

250 g Biomargarine

2–3 kleine Sojajoghurts oder etwas Sojamilch

200 g Zucker oder Fruchtzucker

1 TL Vanillezucker

50 g Mehl

1 TL Backpulver

Tofu is your personal Superhero

TOFUISMUS NO. 12

Zubereitung

- Zucker, Sojajoghurts, Vanillezucker, Mehl und Backpulver zu einer Teigmasse verrühren.
- Margarine im Topf erhitzen bis sie flüssig ist und die Haferflocken darin verrühren.
- Teig und Haferflockenpampe gut untereinander durchkneten.
- Backblech mit Backpapier auslegen und mit einem Esslöffel die fertige Masse darauf portionieren. Runterklatschen.
- Bei 180–200 Grad ca. 15 min. backen.

Tipp: Ich persönlich finde es besonders lecker, wenn die Unterseite nach dem Backen schön dunkelbraun bis fast knusprig schwarz aussieht.

Beamten Torfu (eigentlich ein Geheimrezept)

Für alle, die in die mittlere Laufbahn wollen.

- Tofublock in gleichmäßige Würfelchen schneiden und jede halbe Stunde ein Würfelchen essen. Dazwischen Sätze wie »Dor AAntraag is nitt volllständig« oder »ja dürwen se datt denn – da bruchen se ne Jeneehmijung« oder »ja sin mir dafür zuuuständig?« sagen und ein bisschen rumstempeln. Kurz vor Feierabend dann die Kakteenrochade exerzieren. Dabei bitte äußerste Vorsicht. Verletzungsgefahr!

Tipp: Wenn keiner guckt, versuchen, sich die Würfelchen selbst in den Mund zu werfen. Das ist aufregend.

Weitere gute schnelle Kochideen und kurze Beispiele

Nehmen sie einfach ihre Lieblingsrezepte und ersetzten Sie Fleisch oder Ei durch Tofu. Tofu macht alles wieder neu.

Salate

- Frühlingssalat mit gebratenen Tofustiften.
- Tofusalat griechisch mit Knoblauch und Oliven.
- Obstsalat mit Zitrone überträufelt und mit kleinen Tofuwürfelchen oben drauf garniert. Ein Vitamin- und Eiweiß-Fittnachtisch.

Suppen

- Misosuppe mit Tofu. Miso gibt es im Bioladen oder im Asien-Laden.
- Helle Misosuppe mit Tofu. Helles Miso ist sehr lecker und ganz leicht süßlich.
- Gemüsesuppe mit Bröseltofu anstatt Eierstich.
- Zwiebelsuppe mit gerösteten Räuchertofu-Würfelchen.

Tofu gives rhythm to the sound of your life

TOFUISMUS NO. 24

Tofu aufs Brot

- Räuchertofu Sandwich.
- Tomaten-Tofu-Sandwich mit gebratenen Tofuscheiben

Tofuburger

- Tofu mit gekochten Getreiden (Reis oder Hirse, Gerste, Grünkern, Roggen, Weizen etc.) kneten und mit Haferflocken die Konsistenz einstellen. In den Burgerteig Gemüse und Nüsse wie z. B. Sonnenblumenkerne mit hineingeben. Außen z. B. mit Sesam bestreuen. In der Pfanne ausbacken. Sie können runde tennisballartige Burger oder auch flache Burger formen. Nach ein paar Versuchen haben Sie die Konsistenz schnell raus.

Tofucremes als Brotaufstriche

- Viele Variationen, z. B. mit Gemüse wie Kürbis, Auberginen, Zucchini, Mais, Gewürzen wie Kreuzkümmel, Curry, grüner Pfeffer. Nüssen wie Cashew, Haselnuss, Mandeln, Erdnüsse, Macadamias etc., mit Tomatenmark, Senf, Meerrettich, eingelegten Pickles.
  Alles in einen guten Küchenmixer einschichten und mit Öl zu einer feinen Creme verarbeiten.

Aperitif

- Tofuwürfelchen einfach so.
- Tofuwürfelchen gebrutzelt und vorher mariniert.
- Skatrunden-Weintrauben-Spießerchen mit Räuchertofu, frittiertem Tofu oder einfach so Tofu.

Snacks

- Hier eignen sich gefüllte Tortilla-Teigrollen, Frühlingsrollen und Pita-Taschen. Gut passt neben Tofuwürfelchen oder Räuchertofuwürfelchen als Füllung Avodocreme (Tortillas), Weißkohl, Lauch, Sojasprossen, Paprikastückchen (Frühlingsrollen) und Hummus oder Tahini Sauce (Pita Taschen).
- Sushis mit Tofu.

Lunch oder Dinner

- Mit Tofu, Reis und Gemüse gefüllte Paprika
- Tofubraten, dicke Bratensauce machen
- Tofuschnitzel, fein panieren
- Tofufrikassee, Paprikapulver zur Hand haben
- Tofuklopse
- Tofugeschnetzeltes
- Chili con Tofu (Tofu zerdrücken, braten und dazu eine dicke Tomaten-Sauce mit Kidneybohnen und Mais machen)

Tofu ist Fleisch 2.0

TOFUISMUS NO. 43

Adressen

Es gibt sie noch, die bis heute übrig gebliebenen Tofumacher der ersten Generation. Ein verdammt zähes Pack, ohne Anspruch auf Vollzähligkeit, z. B.:

Zollhäusle Naturkost
Hartmut Hauser
Zollhäusleweg 5
78052 Villingen-Schwenningen

Alberts Tofuhaus
Inhaber: Albert Hess
Bahnhofstraße 29
67305 Ramsen
alberts-tofuhaus.de

Sojafarm
Inhaber: Lothar Stassen
Im Paradies
55413 Trechtingshausen
soja-farm.de

Nagels Tofu
Tofumanufaktur Christian Nagel GmbH
Burstah 28
25474 Ellerbek
tofunagel.com

Kato
Inhaberin: Heike Hellerung
Wolfhager Straße 39a
34117 Kassel
katotofu.de

Franziskus Alexander Nabben
Espantorstrasse 7
88316 Isny im Allgäu
vegan-service-veb.de

Viana/Soyatoo!/VeggieLife
Fleischlos Glücklich/Demeter
Soya Alive and Friends/
Blumenschmalz/Tofumusic
Tofutown.com GmbH
Tofustraße 1
54578 Wiesbaum
Lüner Rennbahn 12
21339 Lüneburg
viana.de, soya-alive.de, soyatoo.de, tofumusic.de, ernaehrung-nachhaltigkeit.de, tofutown.com

Hoffnungsvolle Nachwuchstalente:

Hexerküche
Dörte und Freddy Ulrich
Schopfheimer Str. 25
79541 Lörrach
hexerkueche.de

Internationale Tofu- und Tempehmacher:

Unicurd
Singapur
Leider inzwischen übernommen. Der Gründer Francis Goh ist ein typischer sehr sympathischer Tofumacher, ein Hüppe-Männchen.
unicurd.com.sg

Northernsoy
USA
Norm und Andy, zwei buddhistische Tofumacher und aktive Tierretter. Auf der Webseite gibt es schöne, alte Fotos aus der Tofusteinzeit.
soyboy.com

Sunrise Soyfoods
Kanada
sunrise-soya.com

Superior Tofu
Kanada
superiortofu.com

Primasoy
Nette australische Tempehfirma
primasoy.com.au

Turtle Island
USA
Seth ist ein Pionier aus der Tempehsteinzeit, der von einem selbstgezimmerten Baumhaus aus in Nord Oregon eine inzwischen sehr erfolgreiche Firma gestartet hat.
Sie produzieren u.a. jedes Jahr 300.000 vegetarische Turkeys zu Thanksgiving.
tofurkey.com

Tofu ist weltgesundlecker

TOFUISMUS NO. 44

Egal, ob Du ganz schnell oder ganz langsam machst, auf Deinem eigenen Weg kann Dich niemand überholen, selbst wenn Du ein wenig dicker bist.

Tofu – Miteinander kann so schön sein

TOFUISMUS NO. 45